ANDREAS SRENK KATRIN HAINKE MARKUS TOLLHOPF SABINE VATTERODT

SCHÄTZE & GEHEIMTIPPS MECKLENBURG-VORPOMMERN

Leuchtende Stockrosen setzen überall im Land farbliche Akzente bis in den Herbst hinein.

INHALT

Ein verwunschenes Hexenhäuschen in Mecklenburg-Vorpommern.

INHALT

Auf dem einfachsten Weg zu den spannendsten Adressen der Region! Neben jedem Kundenporträt finden Sie einen QR-Code. Beim Einscannen dieses QR-Codes erstellt sich automatisch ein Eintrag in Ihrem Smartphone mit allen relevanten Daten wie Adresse, E-Mail, Internetadresse und Telefonnummer. Mittels eines Routenplaners lässt sich anhand dieser gespeicherten Daten eine Route durch die Stadt erstellen.

SCHÄTZE & GEHEIMTIPPS MECKLENBURG-VORPOMMERN

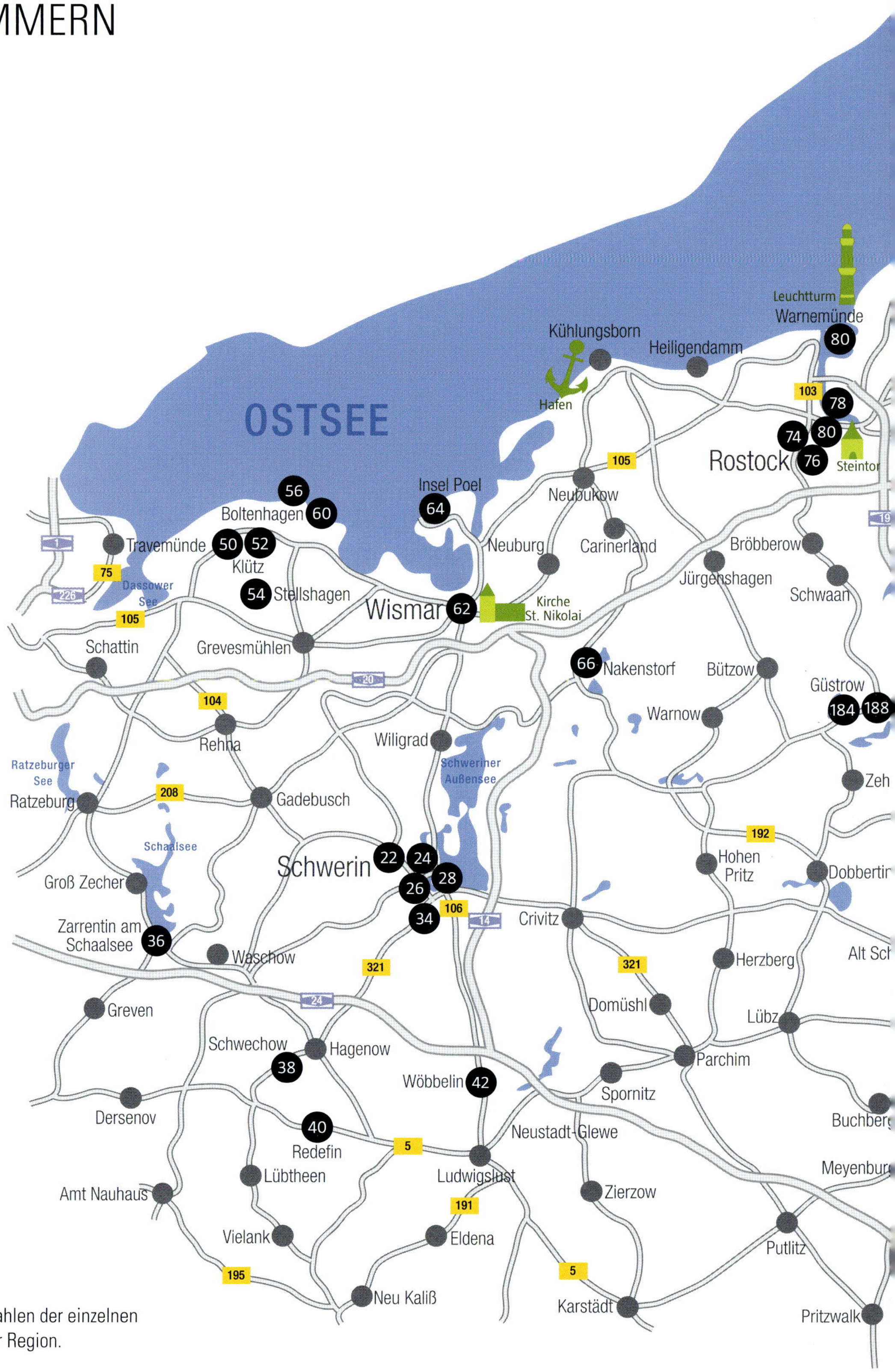

Die angegebenen Zahlen sind identisch mit den Seitenzahlen der einzelnen Betriebe in diesem Buch und bezeichnen ihre Lage in der Region.

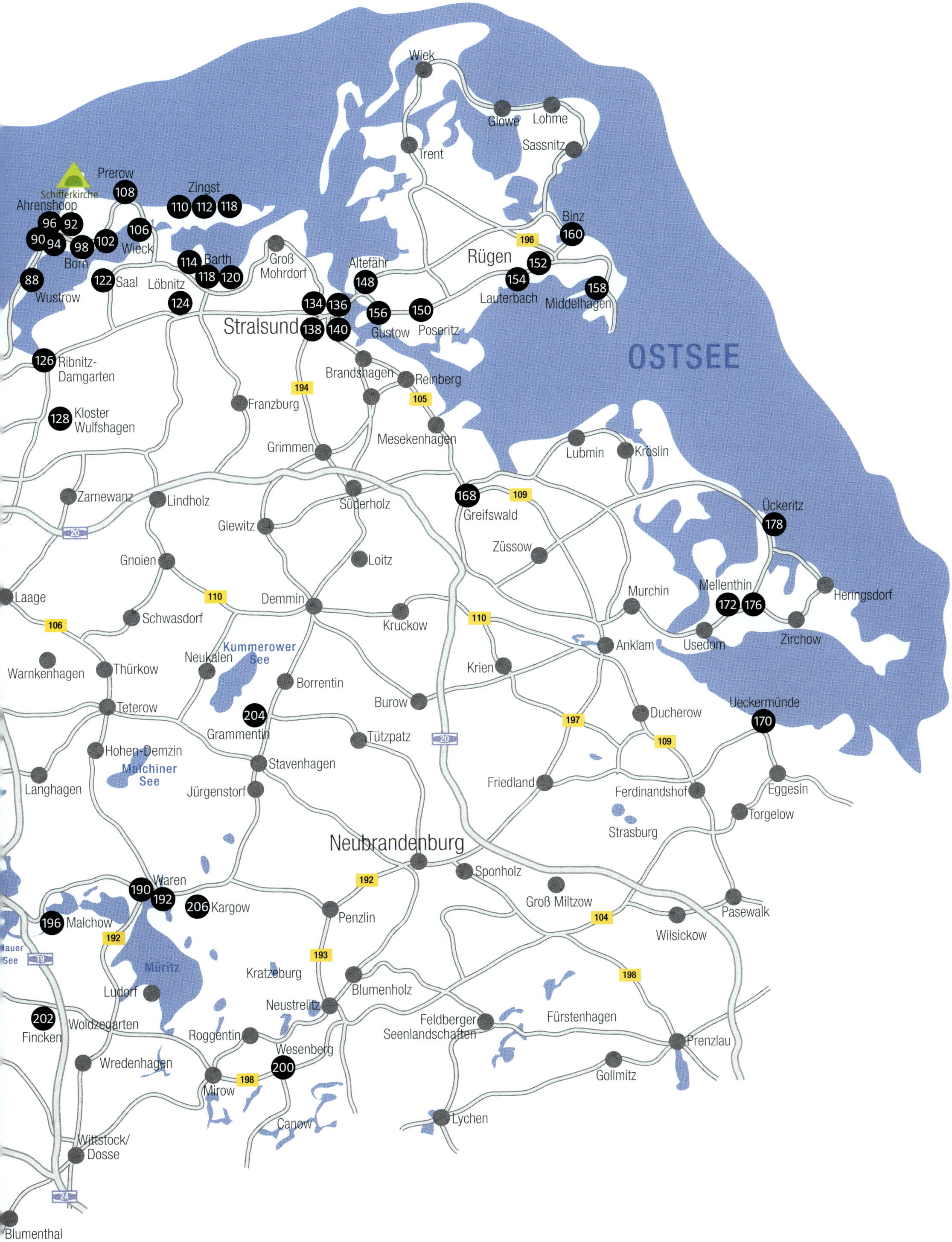
Wiek
Glowe
Lohme
Sassnitz
Trent
Prerow
Schifferkirche
Ahrenshoop
108
Zingst
110
112
118
96
92
90
94
98
102
106
Wieck
Born
88
Wustrow
122
Saal
Löbnitz
124
114
Barth
118
120
Groß
Mohrdorf
Altefähr
148
Rügen
196
Binz
160
152
154
Lauterbach
158
Middelhagen
134
136
156
150
Stralsund
138
140
Gustow
Poseritz
OSTSEE
126
Ribnitz-
Damgarten
128
Kloster
Wulfshagen
Brandshagen
Reinberg
194
105
Franzburg
Grimmen
Mesekenhagen
Lubmin
Kröslin
Zarnewanz
Lindholz
Süderholz
168
Greifswald
109
Ückeritz
178
Glewitz
20
Gnoien
Loitz
Züssow
Laage
110
Demmin
Murchin
Mellenthin
172
176
Heringsdorf
106
Schwasdorf
Kruckow
110
Anklam
Usedom
Zirchow
Warnkenhagen
Thürkow
Neukalen
Kummerower
See
Borrentin
Krien
Teterow
Burow
Ducherow
Ueckermünde
170
204
Grammentin
Tützpatz
20
197
109
Hohen-Demzin
Malchiner
See
Stavenhagen
Friedland
Ferdinandshof
Eggesin
Langhagen
Jürgenstorf
Torgelow
Strasburg
Neubrandenburg
Sponholz
Waren
190
192
206
Kargow
192
Penzlin
Groß Miltzow
Pasewalk
196
Malchow
192
104
Wilsickow
Müritz
193
Kratzeburg
198
Blumenholz
Ludorf
Neustrelitz
Fürstenhagen
202
Woldzegarten
Feldberger
Seenlandschaften
Fincken
Roggentin
Prenzlau
Wesenberg
Wredenhagen
200
198
Gollmitz
Mirow
Lychen
Canow
Wittstock/
Dosse
24
19
Blumenthal

Ländliche Idylle am Poeler Bodden.

VORWORT

Mecklenburg-Vorpommern hat sich in den vergangenen Jahren als beliebte Urlaubsdestination in Deutschland ganz weit nach vorn geschoben. Olympisch gesprochen, ist sie auf dem Treppchen und somit in den Medaillenrängen angekommen. Der Weg dahin war nicht immer einfach. Nach der Wiedervereinigung lag vieles darnieder: verfallende Städte, rückständige Dörfer, renovierungsbedürftige Gutshäuser, Kirchen und Schlösser allerorten.

Das alles ist mittlerweile Geschichte. Die ehrwürdigen Hansestädte erstrahlen in frischen Farben, Gutshäuser wurden in komfortable Landhotels oder Gasthöfe verwandelt, die Feriendestinationen an Ostsee und Mecklenburgischer Seenplatte locken mit Sport, Spiel, Spaß und auch Kultur.

Die unverwechselbare Landschaft aus Ostsee und Tausenden Seen, aus Baumalleen und Naturlandschaften, aus Herrenhäusern, Schlössern, Gutshöfen, Windmühlen und reetgedeckten Bauernhäusern verführte den Heimatdichter Fritz Reuter wohl zu seinem Ausruf: „Das Paradies muss hier gelegen haben!"

Den Menschen dieses Landstrichs wird nachgesagt, dass sie konservativ, ein wenig dickschädelig und stur seien. Das mag hin und wieder zutreffen. Die Menschen, die wir kennengelernt haben, waren weltoffen, innovativ, aufgeschlossen und engagiert. Ihre Gewerke zeichnen sich durch Qualität und Originalität aus. Wir besuchten Perlen der Kulinarik, trendige Boutiquen, lernten einzigartige (Kunst-)Handwerker kennen, besuchten sportive und gesundheitsbewusste Menschen, entdeckten so manch besonderes Hotel und visionäre Touristiker.

Verlag, Fotograf und Autoren laden Sie, liebe Leserinnen und Leser, herzlich ein, mit uns gemeinsam auf Entdeckungsreise in diesem wunderschönen Bundesland zu gehen und all die Schätze zu heben, die da warten.

Andreas Srenk

Die imposante Selliner Seebrücke ist mit 394 Metern die längste auf der Insel Rügen.

Pferdeköpfe als Giebelschmuck gehören in Norddeutschland seit Jahrhunderten zur Architektur.

Immer der Sonne entgegen: Natur und Badegäste warten sehnsüchtig auf den Sommer.

WILLKOMMEN IM LAND AM MEER

Auf Staats- und Landesflaggen wimmelt es gewöhnlich von Symbolen und Farben jeglicher Art. Raubtiere sind da abgebildet oder der allseits beliebte mächtige Adler. Sie symbolisieren Kraft und Stärke, und die Menschen, die sich unter der Flagge versammeln, sollen ein bisschen davon aufnehmen.

Geradlinig, wie die Bewohner in diesem Bindestrich-Bundesland, kommt auch die Landesflagge von Mecklenburg-Vorpommern daher. Die blaue Linie steht für Himmel und Meer, gelb für die Felder, und rot symbolisiert den weithin sichtbaren Backstein. Die Landesdienstflagge ist um einen Greif und einen Stierkopf ergänzt.

Die Kraft und Stärke des Bundeslandes, sie resultiert gerade aus der Zäsur und dem Neuanfang des Mauerfalls und der folgenden Wiedervereinigung. Nach einigen harten Jahren geht es langsam, aber stetig aufwärts: Der Tourismus boomt und erhält einen weiteren Schub durch die Unwägbarkeiten weltweiter Terrorbedrohungen, die die Urlauber in Scharen an die Ostseestrände treiben.

Die Infrastruktur ist in vielen Bereichen besser als in manchem Alt-Bundesland. Exzellent ausgestattete Universitäten und Forschungsinstitute locken Studierende und Wissenschaftler aus aller Welt. Um diese Institute herum haben sich Cluster von Start-ups und etablierten Hightech-Unternehmen angesiedelt, die neue Zukunfts-Arbeitsplätze schaffen. Die werden auch dringend benötigt, um die Abwanderung zu stoppen.

Das Land, das aus den Landesteilen Mecklenburg, Vorpommern, kleinen Teilen der Prignitz und dem nördlichsten Zipfel der Uckermark besteht, rangiert flächenmäßig mit etwas über 23 000 Quadratkilometern an sechster Stelle in Deutschland, hat aber mit gut 1,6 Millionen Menschen weniger Einwohner als die Hansestadt Hamburg.

Man könnte auch sagen: Mecklenburg-Vorpommern ist ziemlich leer. Wie immer gibt es zwei Seiten der Medaille. Auf der

Wohin mag der Grüne Weg in Ahrenshoop führen? Vielleicht zum Fisch.

einen beklagen Politiker, Bürgermeister und Wirtschaftsvertreter den Weggang vieler Menschen seit der Wiedervereinigung.

Andererseits gefällt den immer zahlreicher werdenden Touristen, die für ein paar Urlaubstage oder auch für mehrere Wochen kommen, genau das: ein Flächenland, in dem die Natur durchatmen kann und wieder zu sich findet.

Und die herrliche Natur ist das Pfund, mit dem vor allem die Touristiker wuchern: kilometerlange unverbaute Sandstrände; die Halbinsel Fischland-Darß-Zingst als Region der Kraniche zwischen Ostsee und Bodden; die imposanten Kreidefelsen auf Deutschlands größter Ferieninsel Rügen; Usedom mit seiner grandiosen Bäderarchitektur und, nicht zu vergessen, die unzähligen Seen der Mecklenburgischen Seenplatte rund um die Müritz, Deutschlands größtem Binnengewässer (der deutsche Teil des Bodensees ist kleiner), geben einen kleinen Eindruck von der Vielseitigkeit und herben Schönheit dieses Bundeslandes.

Schwerin als zweitgrößte Stadt im Land nach Rostock hat sich den Charme einer beschaulichen Kleinstadt bewahrt und ist dennoch Landeshauptstadt. Die kleinste in Deutschland, aber dafür die mit dem schönsten Landtag, der sich, von Wasser umgeben, im Schweriner Schloss befindet.

Und dann die grandiosen Hansestädte an der Küste. Sie präsentieren sich in frischem Anstrich als UNESCO-Welterbe-Stätten und faszinieren ihre Besucher aus dem In- und Ausland mit prächtigen Marktplätzen und Rathäusern und zahlreichen Beispielen der beeindruckenden Backsteingotik.

Gerade auch die internationalen Gäste entdecken das nordöstliche Bundesland zunehmend. Einen nicht unerheblichen Anteil daran hatte der G8-Gipfel 2007 in Heiligendamm, als die Staats- und Regierungschefs mehr oder weniger entspannt in einem riesigen Strandkorb Platz nahmen und für die Fotografen aus aller Welt in die Kameras lächelten.

Die Landesregierung wirbt seit Jahren mit dem Slogan: „MV tut gut." Das finden mittlerweile auch immer mehr Bewohner und Besucher gleichermaßen.

Am Prerower Bodden geht es selbst in der touristischen Hauptsaison beschaulich zu.

Romantische Abendstimmung über dem Bodden

Das Schweriner Schloss ist die Heimat des Landtags von Mecklenburg-Vorpommern.

Sommerimpressionen aus Deutschlands kleinster Landeshauptstadt.

SCHWERIN: DIE SCHÖNE AM SEE

Deutschlands kleinste Landeshauptstadt hat Großes zu bieten

Wer in der Altstadt am Café Prag entlang schlendert und richtig abbiegt, der genießt einen spektakulären Blick auf das Schweriner Schloss. Das Wahrzeichen von Deutschlands kleinster Landeshauptstadt, die rund 90 000 Einwohner zählt und somit verwaltungstechnisch nicht als Großstadt gilt, liegt auf der Schlossinsel und ist demokratisch geworden: Einst Residenz der mecklenburgischen Herzöge, beherbergt sie heute den Landtag. Seit dem Jahr 2014 stehen Schloss und Schlossgarten auf der Kandidatenliste zum UNESCO-Weltkulturerbe und gelten als Touristenmagnet und Wahrzeichen der Stadt.

Die Insel liegt zwischen Burgsee und Schweriner See, dem mit 64 Quadratkilometern größten von einem Dutzend Gewässern in und um die Stadt. Buchtenreich und mit vielen kleinen Inselchen bestückt, ist der See einer der größten in Deutschland und im Sommer ein Segel- und Anglerparadies. Die Wasserqualität ist hervorragend, was vor allem die Badegäste und die Fische freut.

Einen Steinwurf entfernt liegen mit dem Staatlichen Museum, dem Staatstheater und der 32 Meter hohen Siegessäule, die an die Gefallenen des Deutsch-Französischen Krieges erinnert, weitere kulturelle Sehenswürdigkeiten. Gleich nebenan erstreckt sich die malerische Altstadt mit Marktplatz, Rathaus und Dom. Dieser zählt zu den Hauptgebäuden der Backsteingotik, einer speziellen Spielart der Gotik, wie sie im norddeutschen Raum und in der gesamten Ostseeregion vorkommt.

Nachdem viele der historischen Gebäude zu DDR-Zeiten verfielen, setzte die umfangreiche Sanierung und Restaurierung erst nach der Wende ein. Mittlerweile ist ein Großteil der Arbeit getan. Schwerin ist heute eine gemütliche und überschaubare Landeshauptstadt mit hohem Freizeitwert, in der die Uhren etwas langsamer ticken. Gott sei Dank, würden vermutlich viele Bewohner sagen.

KAFFEEHAUS MIT BLICK AUFS MÄRCHENSCHLOSS

Das Café Prag bietet eine reizvolle Melange aus Tradition und Moderne

Wenn etwas das Wort Tradition mit Fug und Recht verdient, dann ist es das Café Prag in Schwerin. Bis ins Jahr 1755 reicht die Geschichte des weit über die Stadt hinaus bekannten Kaffeehauses mit Konditorei zurück. Von 1792 bis 1936 prägte die Familie Kreft die Geschicke, seit 1990 führt Familie Hildebrandt das Haus erfolgreich in die Zukunft.

„Das Café Prag ist eine Institution in Schwerin", sagt Thomas Hildebrandt, der das Café und Restaurant seit 2008 gemeinsam mit seiner Mutter leitet, nachdem der Vater lange Jahre als Geschäftsführer den Grundstein für den Erfolg gelegt hatte.

Wer das wunderschöne Café betritt und staunend auf die Säulen, Kronleuchter, Wandgemälde und historischen Fotos blickt, taucht ein in die Geschichte prächtiger Kaffeehäuser, wie man sie aus Prag, Wien und Budapest kennt.

Die Kaffeehaustradition lebt im Café Prag weiter, hat sich aber hinsichtlich des Angebotes sehr gewandelt und zu einer spannenden Kombination aus Café und Restaurant entwickelt. Den heutigen Namen verdankt das Haus übrigens einem Schweriner Künstler, der 1959 die Stadt Prag mit Karlsbrücke und Hradschin an die Stirnseite des Hauptraumes malte.

15 professionell ausgebildete Mitarbeiter, darunter vier Köche, verwöhnen die zahlreichen Gäste nicht nur zum Frühstück, sondern auch mit durchgehend warmer Küche zu überraschend moderaten Preisen. Das Angebot reicht vom gegrillten norwegischen Lachs bis zu hausgemachten Suppen und knackig-frischen Salaten. Das „Café-Element" kommt beim umfangreichen und täglich frischen Torten- und Kuchenangebot zur Geltung.

Und wer es sich im Sommer auf der Terrasse gemütlich macht, genießt den spektakulären Blick auf das nur einen Steinwurf entfernte märchenhafte Schweriner Schloss und die weiteren Prachtbauten der Stadt.

CAFÉ PRAG
Thomas Hildebrandt
Schloßstraße 17
19053 Schwerin
Telefon 03 85 / 56 59 09
kontakt@restaurant-cafe-prag.de
www.restaurant-cafe-prag.de

20*C+M+B+15

WO DIE FEINE WARE ENTSTEHT

Die Keramikwerkstatt stellt Gebrauchsgeschirr in Kleinserien und Unikaten her

Zugegeben: „Feine Ware" klingt nicht ganz so geheimnisvoll und sinnlich wie Loza Fina, doch es meint dasselbe: Der Begriff leitet sich aus der portugiesisch-spanischen Keramikentwicklungsgeschichte her und dient der Werkstatt in der Schweriner Innenstadt als Namensgeber. Hier, hinter großen einladenden Schaufenstern, werkeln Maia Lenz und Konstanze Wodsak an ihren Töpferscheiben und formen überwiegend leichtes Gebrauchsgeschirr. Die Regale an den Wänden zeugen vom Fleiß der Kunsthandwerkerinnen. Hohe Weinbecher und bauchige Kaffeetassen, Teekannen und Müslischalen stehen einträchtig nebeneinander. Und trotz der unterschiedlichen Formen eint sie eine Gemeinsamkeit: die Farbe. „Bei uns findet man ausschließlich ein cremefarbenes Weiß. Wir mögen es nicht so bunt", erklärt Maia Lenz die farbliche Zurückhaltung.

Den Steinzeugton tauchen die Keramikerinnen in eine weiße Glasur, auf die stilisierte Blütenmotive – etwa eine Rose oder eine Kornblume – von Hand gemalt werden. Anschließend wird das Geschirr im Elektro-Ofen bei 1 180 Grad Celsius gebrannt. So wird alles mikrowellen-, backofen- und spülmaschinentauglich. Bis zur Fertigstellung vergehen vier Tage. Zumeist werden sogenannte 100er Kleinserien produziert. „Wir gehen gerne nach Absprache auf individuelle Kundenwünsche ein", sagt Konstanze Wodsak. „Die Wünsche müssen jedoch umsetzbar sein und rechtzeitig bestellt werden. Unser Motto lautet: Solange es kein Pantoffeltierchen auf Stelzen ist, kriegen wir das hin", schmunzelt Maia Lenz.

Zu wirklichen Verkaufsschlagern haben sich Teller und Tassen entwickelt, die mit originellen Schriftzügen aufwarten. „Dorfschönste" liest man da, „Seemannsbraut" oder auch „Unschuld vom Lande".

KERAMIKWERKSTATT LOZA FINA
Gordon Bockhold
Puschkinstraße 51-53
19055 Schwerin
Telefon 03 85 / 20 23 41 22
loza.fina@gmx.de
www.loza-fina.de

PHARMAZIE MIT MEHRWERT

Kreative Angebote und Serviceleistungen stehen in der Kundengunst weit oben

Die Weststadt-Apotheke geht in ihrem Angebot und ihren Serviceleistungen weit über das hinaus, was eine „normale" Apotheke bietet. Das wird schnell deutlich, wenn man sich mit Inhaberin Gabriele Kannt unterhält. Sie setzt bereits in der sechsten Generation eine Pharmazie-Tradition fort, die in ihrer Familie seit 1750 besteht. Und nicht nur das: Sie hat die fachliche, kreative und unternehmerische Qualität, über den Horizont hinaus zu blicken und Angebote und Dienstleistungen zu offerieren, die für den Kunden hilfreich sind. Dazu zählen etwa die Stillberatung, das weite Feld der gesunden Ernährung und die kompetente Hautberatung. Dabei kommen die neuesten wissenschaftlichen Erkenntnisse und technischen Geräte zum Einsatz und sorgen für eine professionelle Hautanalyse.

Große Erfolge verzeichnen Gabriele Kannt und ihr 12-köpfiges Team bei der Ernährungsberatung. Seit vier Jahren betreuen sie mehr als 300 Teilnehmer beim Abnehmen und sehen mit Freude, wie die Pfunde purzeln. Die Erfolgsquote liegt bei knapp 90 Prozent. Unter dem Begriff „Leichter Leben in Deutschland" bietet die Apothekerin drei Programme an, die miteinander kombiniert werden können: 1. Seminare und eine individuelle Betreuung vor Ort, 2. den Meta-Check mit einer genetischen Analyse des Stoffwechsels und 3. plan 31, ein persönliches Kochbuch inklusive eines individuellen Ernährungsplans für einen Monat.

Neueste Kreation des Teams um Gabriele Kannt ist die Kosmetikserie „Erika Bröker", benannt nach ihrer Großmutter. Sie stellte bereits in den 20er Jahren Salben nach eigener Rezeptur her. Nach ihrem Vorbild hat nun Enkelin Gabriele ihre eigene hochwertige und dabei noch bezahlbare Kosmetikserie in Rezepturqualität entwickelt.

WESTSTADT-APOTHEKE
Gabriele Kannt
Johannes-Brahms-Straße 63
19059 Schwerin
Telefon 03 85 / 73 13 40
info@schwerin-apotheke.de
www.weststadt-apotheke-schwerin.de

ERMASENCE

Magic ...

PHYSIOTHERAPIE, TRAININGSWERKSTATT UND WELLNESSOASE

Pures Leben bietet einen ganzheitlichen Ansatz für ein neues Körpergefühl

Gesund werden, wohlfühlen, alle Sinne berühren, vital bleiben. So lautet das Motto der Physiotherapie „Pures Leben", die im September 2013 von Cornelia Liebenow, Nadine Stüwe, Dany Voß und Jörn Wittwer gegründet wurde. Der inzwischen sanierte Demmlerbau aus dem 19. Jahrhundert in der Schloßstraße 12 schien wie geschaffen für ihr Projekt. Ihr Erfolg gab ihnen schnell Recht, und so wuchs das Team in weniger als zwei Jahren auf mittlerweile zwölf Mitarbeiter.

Es sind die kleinen Dinge, die den markanten Unterschied machen: Die elegante Einrichtung, die freundlichen hellen Farben und die dezente Dekoration lassen nicht erahnen, dass man sich in einer therapeutischen Einrichtung befindet. In dieser Physiotherapie-Praxis wird zwar auch therapiert und kuriert, jedoch in einem Wohlfühl-Ambiente, das viele Sinne anspricht. Pures Leben eben, wo es auch ums Genießen, Entspannen und Verwöhnen geht.

Nicht umsonst ziert der Kolibri als Logo die Räumlichkeiten und auch die Arbeitskleidung des Teams. Und so, wie der kleinste und farbenprächtigste Vogel der Welt die erstaunlichsten Flugeigenschaften besitzt, so würden bei einer Befragung nicht wenige Patienten über die erstaunlichsten Fortschritte berichten, die sie gemeinsam mit ihren Physiotherapeuten erreicht haben.

Kennengelernt haben sich die vier bei der Arbeit im Schweriner Klinikum, wo bereits jeder seine eigenen Schwerpunkte ausgebildet und weiterentwickelt hatte. Heute macht genau diese Bandbreite das fachliche Angebot aus.

Die Schwerpunkte der Praxis sind neben der Physiotherapie und osteopathischen Techniken die Trainingswerkstatt mit einem abwechslungsreichen Kursprogramm und die Wellnessoase für alle Sinne.

Die Trainingswerkstatt mit ihren modernen Hightech-Geräten hat so gar nichts von einem sterilen Fitness-Studio: Hier wird der Körper als eine Einheit betrachtet und in seiner gesamten Struktur des Halte- und Bewegungsapparates trainiert. Im individuellen Personal Training oder in einer kleinen Gruppe werden Sie persönlich von Ihrem Physiotherapeuten betreut. Und das alles mit schönem Fensterblick auf das geschäftige Treiben in der Altstadt.

Auch das Kursangebot bietet mit RückenFit, Pilates, Zirkeltraining, Yoga, Nordic Walking und BeckenbodenFit für jeden, der aktiv etwas für sich tun möchte, ein großes Angebot.

Ganz neu ist noch das Schlingentraining. Noch einzigartig in Schwerin, können Sie sich hier in die von der Decke hängenden elastischen Schlingen werfen und spüren, wie Ihr Körper auf die Kraft der elastischen Bänder reagiert. Das macht Spaß und gleichzeitig wird eine Vielzahl von Muskeln beansprucht.

Doch auch wer keine akuten Beschwerden hat, liegt bei „Pures Leben“ goldrichtig: Wir alle brauchen ab und an eine Auszeit vom hektischen Alltagsleben. Die wird jedem Erholungsuchenden in der Wohlfühloase gewährt, allein oder als „Zeit zu zweit“, wo Sie sich in einem speziell hergerichteten Raum gleichzeitig von zwei Therapeuten verwöhnen lassen können. Ob Hot-Stone-Massage, Kräuterstempel- oder Fußreflexzonenmassage – atmen Sie tief durch und lassen Sie die Entspannung auf sich wirken.

Eine andere Art der Entspannung und Unterstützung bietet die medizinische Hypnose. Auch ein Weg zum Stressabbau, zur Raucherentwöhnung, Förderung der Konzentration, Schwangerschaftsbegleitung und Geburtsvorbereitung.

Ein weiteres ungewöhnliches Wellnesshighlight der Praxis ist die Entspannungsecke mit den fünf Aquarien zur Fischpediküre. Hier können Sie in gemütlicher Atmosphäre die Hosenbeine hochkrempeln und Ihre Füße von kleinen Garra-Rufa-Fischen pediküren lassen.

PURES LEBEN
Cornelia Liebenow, Nadine Stüwe,
Dany Voß, Jörn Wittwer
Schloßstraße 12
19053 Schwerin
Telefon 03 85 / 57 77 33 77
info@pures-leben-schwerin.de
www.pures-leben-schwerin.de

Die Erntetage sind nicht mehr weit am Poeler Bodden.

EDELRID

VON HÄNGEBRÜCKEN, TARZANSPRÜNGEN UND SEILFAHRTEN

Der Schweriner Kletterwald bietet Abenteuer pur für Jung und Alt

Wackelige Hängebrücken, ausgelassene Tarzansprünge und rasante Seilfahrten zwischen Bäumen: Das und noch viel mehr Abenteuer bietet der Schweriner Kletterwald allen Outdoor-Begeisterten in unmittelbarer Nähe des Zoos. Vom Anfänger bis zum erfahrenen Klettterer, der sich mal so richtig auspowern und an seine Grenzen gehen möchte, finden sich viele Kletter-Enthusiasten zusammen.

„Auf unseren acht Parcours warten mehr als 70 spannende Kletteraufgaben", beschreibt Park-Managerin Susanne Kirstein die Vielseitigkeit des Angebotes. Das reicht von schwebenden Balken über Holzplattformen knapp unterhalb der Wipfel, einer Rutsche bis zu mehreren Seilbahnen, von denen die längste sich über 110 Meter erstreckt.

Seit 2010 stellen sich Kinder (ab sieben Jahren), Jugendliche und Erwachsene den sportlichen Herausforderungen der unterschiedlichen Schwierigkeitsgrade. Dabei ist Parcours 1 der leichteste mit einfachen Kletteraufgaben in wenigen Metern Höhe, Parcours 8 hingegen der anspruchsvollste mit dem freien Fall aus zehn Metern Höhe. Wer ihn bewältigt hat, wird dafür mit einem phantastischen Ausblick auf den Schweriner See belohnt.

Bei all den abenteuerlichen Überraschungen spielt der Sicherheitsaspekt eine herausragende Rolle. „Unser geprüfter und zertifizierter Kletterwald verfügt über ein Sicherheitssystem und wird regelmäßig kontrolliert und gewartet", beruhigt Geschäftsführer Dr. Olaf Kannt und verweist darüber hinaus auf die Mitarbeiter, die ausgebildete Höhenretter sind.

Wer sich im Kletterwald so richtig ausgetobt hat, braucht Ruhe, Entspannung und vor allem Nervennahrung. Die gibt's im Waldcafé, wo auf der Terrasse Waldburger, Kaffee und hausgemachter Kuchen serviert werden.

SCHWERINER KLETTERWALD
Dr. Olaf Kannt
An der Crivitzer Chaussee 15
19061 Schwerin
Telefon 03 85 / 5 89 45 51
info@schweriner-kletterwald.de
www.schweriner-kletterwald.de

ZWEI NATURSCHÄTZE MIT ARTENREICHER FLORA UND FAUNA

Die UNESCO-Biosphärenreservate liegen bei Aktivurlaubern im

Zwei Naturschätze finden sich entlang des sogenannten Grünen Bandes: das UNESCO-Biosphärenreservat Schaalsee und das UNESCO-Biosphärenreservat Flusslandschaft Elbe M-V. Beide Gebiete sind vom Wasser geprägt, wenn auch auf unterschiedliche Weise.

Der landschaftlich äußerst reizvolle 24 Quadratkilometer große Schaalsee bildet das Kernstück des UNESCO-Biosphärenreservates Schaalsee, das sich auf einer Fläche von 309 Quadratkilometern zwischen den Ballungszentren Hamburg, Lübeck und Schwerin erstreckt.

Zentrale Anlaufstelle für Besucher ist das moderne Infozentrum PAHLHUUS in Zarrentin am Schaalsee, in dem eine Dauerausstellung über die geschützte Region spannend informiert. Von hier aus starten Wanderungen durch Buchen- und Bruchwälder, Moore und abwechslungsreiche Kulturlandschaften, die von sachkundigen Rangern begleitet werden.

Die Lage an der ehemaligen innerdeutschen Grenze begünstigte die Artenvielfalt bei Tieren und Pflanzen wie auch entlang des 461 Quadratkilometer großen UNESCO-Biosphärenreservates Flusslandschaft Elbe Mecklenburg-Vorpommern. Allgegenwärtig sind hier die weiten Elbauen mit kleinen Nebenflüssen, die vielerorts kontrastreich in die extrem trockenen Binnendünen übergehen.

Ein Biosphärenreservat gliedert sich in drei Zonen, um verschiedenen Aufgaben gerecht zu werden. In der Kernzone (ca. drei Prozent Fläche) befinden sich vom Menschen unbeeinflusste Gebiete. In der Pflegezone (ca. 20 Prozent) ist schonende Nutzung angesagt, während in der Entwicklungszone (zwei Drittel der Fläche) eine umweltverträgliche Landnutzung und touristische Nutzung erlaubt sind.

BIOSPHÄRENRESERVATSAMT SCHAALSEE-ELBE
Wittenburger Chaussee 13
19246 Zarrentin am Schaalsee
Telefon 03 88 51 / 30 20
poststelle@bra-schelb.mvnet.de
www.schaalsee.de
www.elbetal-mv.de

FEINER EDELBRAND AUS GARANTIERT HANDVERLESENEN VOLLREIFEN FRÜCHTEN. LANGSAM UND SCHONEND DESTILLIERT.
IDEALE TRINKTEMPERATUR 14 - 18 C. FLASCHE BITTE STEHEND LAGERN.
SCHWECHOWER
Birne
OBSTBRAND
40% VOL
0,2 L

HÖCHSTE VEREDELTE FORM VON OBST

Obstbrände, Geiste & Liköre aus Mecklenburg-Vorpommerns erster Brennerei

Bei Wodka denken wir an Russland, bei Grappa an Italien und bei Pastis an Frankreich. DIE deutsche Spirituose ist unbestritten der Obstbrand. Das Destillieren von Obst hat in Deutschland eine lange Tradition, vor allem im Süden der Republik. Mecklenburg-Vorpommerns erste und heute größte Verschlussbrennerei kann ebenfalls mit Tradition aufwarten: Die Geschichte von Gut Schwechow geht sogar auf das 14. Jahrhundert zurück. Richard Hartinger, Inhaber des riha Wesergold-Fruchtsaftbetriebs, erkannte das Potential des denkmalgeschützten Anwesens und errichtete 2003 eine Brennerei im ehemaligen Taubenhaus. Traditionelles Handwerk trifft hier auf den Einsatz modernster Technologie. Ein Großteil der verarbeiteten Früchte kommt auf kurzen Transportwegen von den eigenen Obstplantagen. Das besondere Aroma mit der intensiven Säure verdanken die Äpfel, Mirabellen, Kirschen und Zwetschgen dem leicht rauen, maritimen Klima. Einzigartig ist daher der Geschmack der Brände, Geiste und Liköre. Beliebte Klassiker sind der Birnenbrand oder der Himbeergeist. Für den Schwechower Platinum werden auch ausgefallene, sehr aromatische Früchte, darunter Hagebutte und Speierling, veredelt. Ein Spargelgeist und der Karambolelikör sorgen für Innovation im Glas. „Wir bieten die höchste Veredelung von Obst in flüssiger Form an", fasst Geschäftsführer Frank Jehring das Sortiment zusammen, erhältlich in ausgewählten Restaurants der Region, im Onlineshop und im Hofladen neben der Brennerei. Hier finden auch Führungen und Verkostungen statt. Und wer einmal einen echten Mecklenburger Obstbrand mit Zeit und in Ruhe probiert hat, versteht auch das Motto, unter dem sich die hochwertige Marke präsentiert: „Heute schon geschwechelt?"

MECKLENBURGER OBSTBRAND
GUT SCHWECHOW
Geschäftsführer Frank Jehring
Am Park 5
19230 Schwechow
Telefon 03 88 53 / 78 20
info@schwechower.de
www.schwechower.de

GELEBTES KULTURDENKMAL

Pferdezucht und -ausbildung sowie große Events auf dem Landgestüt Redefin

Spätestens während der jährlichen Hengstparaden versteht jeder Besucher, was ein gelebtes Kulturdenkmal ist. Die eindrucksvollen klassizistischen Gutsgebäude von 1812 mit der streng symmetrischen Anordnung stehen heute unter Denkmalschutz. Dennoch lebt dieser historische Ort – nicht nur zu großen Events, sondern täglich. Als eins von zehn Landgestüten bundesweit und einziges in Mecklenburg-Vorpommern wird auf dem Landgestüt Redefin Pferdezucht, -haltung und -ausbildung im großen Stil betrieben. Für Pferdezüchter werden charakterstarke, leistungsorientierte Zuchthengste in genetischer Vielfalt bereitgestellt. Überdies gibt es Verkaufspferde mit solider Grundausbildung bis hin zu professionellen Turniersporterfolgen. Die qualifizierten Ausbilder bieten zudem diverse Spring-, Dressur- oder Fahrlehrgänge sowie ausgefallene Longen- oder Damensattelkurse an. Fortbilden kann sich hier jeder, unter anderem sogar die Leibgarde des schwedischen Königshauses. Als der größte Ausbilder des Landes kümmert sich der Betrieb dabei stets um Nachwuchs in den Berufen Pferdewirt und -pfleger.

Reger Betrieb ist hier immer, die Hengstparaden toppen den lebendigen Alltag jedoch um Längen. Etwa 12000 Besucher zieht es jedes Jahr im September nach Redefin. Bei der eindrucksvollen Pferdeschau mit jahrmarktähnlichem Charakter präsentiert sich das Landgestüt in seiner gesamten Vielfalt. Die größte Attraktion ist der imposante Mehrspänner mit 16 Pferden und 186 Meter Leine. Auch die Musikfestspiele, der Weihnachtsmarkt sowie große Reitturniere und Ausstellungen finden hier in besonderer Atmosphäre statt. Besucher seien übrigens immer willkommen, so Geschäftsführerin Antje Kerber – zu Führungen, aber auch, um sich einfach mal ein gelebtes Kulturdenkmal anzuschauen.

LANDGESTÜT REDEFIN
Geschäftsführerin Antje Kerber
Betriebsgelände 1
19230 Redefin
Telefon 03 88 54 / 62 00
info@landgestuet-redefin.de
www.landgestuet-redefin.de

1812

GUTE KÜCHE AUS EIGENEN PRODUKTEN

Himmel und Erde: Himmlisch speisen mit dem, was die Natur hergibt

Wer erfolgreich ein gutes Restaurant führt, der hat zuverlässige Lieferanten, die ihn mit hochwertigen und frischen Produkten versorgen. Das Essen kann schließlich nur so gut sein wie die Summe der einzelnen Zutaten. Michaela und Rudolf Denissen haben den besten Lieferanten, den sie sich nur vorstellen können: den eigenen landwirtschaftlichen Betrieb. Ihr im März 2015 eröffnetes Restaurant Himmel und Erde greift täglich auf die Produkte des angrenzenden Hofs zurück. Milch und Fleisch der eigenen Rinder, Tomaten, Paprika, Gurken und Kartoffeln gehören zum Angebot genauso wie zur Saison Kürbisse, feldfrischer Spargel und Erdbeeren. Die Köche im Restaurant profitieren auch vom hausgemachten Eis, das in eigenen Eiscafés, im Hofladen und bei Gastronomen der Region vertrieben wird. Öle, Essige, Sanddornprodukte und selbstgebackene Brote bekommt die Restaurantküche aus dem eigenen Hofladen. Das wenige, was der Betrieb nicht hergibt, bezieht Michaela Denissen nach sorgfältiger Auswahl von regionalen Erzeugern.

Regionale Küche mit internationalem Einfluss ist das Motto, denn die Profis am Herd haben Ihr Können nicht nur in deutschen Häusern erlernt und perfektioniert. Mit Ausnahme der beliebten Steaks wechselt die Karte regelmäßig und ist von neuen kreativen Ideen geprägt. Himmel und Erde erwartet seine Gäste täglich an sieben Tagen in der Woche. À la carte-Gerichte gibt es mittags und abends, nachmittags selbstgebackene Torten und Kuchen. Spezialität des Hauses sind Kaffee, Tee und Limonade zubereitet aus aufbereitetem Wasser mit der Qualität eines klaren Bergbachs. Beliebt ist der regelmäßige sonntägliche Brunch. Ein großer Abenteuerspielplatz garantiert Eltern einen entspannten Aufenthalt im Restaurant in Wöbbelin, wo sie gemütlich speisen – wie im Himmel auf Erden.

RESTAURANT HIMMEL UND ERDE
HOF DENISSEN
Geschäftsführer Michaela & Rudolf Denissen
Ludwigsluster Straße 21
19288 Wöbbelin
Telefon 03 87 53 / 8 89 20
mail@hof-denissen.de
www.hof-denissen.de

Auch Heiligendamm hat eine Seebrücke.

Die Nikolaikirche wurde von 1381 bis 1487 als Gotteshaus der Seefahrer und Fischer erbaut.

Dieses noble Hotel steht im ältesten deutschen Seebad Heiligendamm.

WISMAR UND DIE MECKLENBURGER BUCHT

Vom Klützer Winkel über Boltenhagen bis zur Insel Poel und nach Heiligendamm

Auf halber Strecke zwischen den beiden Hansestädten Lübeck und Wismar liegt ein etwas abgelegener Landstrich, der nicht umsonst den Namen Klützer Winkel trägt. Die Region ist hügelig und von der letzten Eiszeit geprägt. Das Städtchen Klütz mit seinen 3000 Einwohnern hat einige Sehenswürdigkeiten zu bieten. Schloss Bothmer etwa, das als die größte erhaltene Barockanlage von Mecklenburg-Vorpommern gilt und zur zeit in großem Stil aufwändig restauriert wird.

Einem der bedeutendsten deutschen Schriftsteller gilt das Augenmerk im Uwe-Johnson-Literaturhaus, das sich in einem ehemaligen Getreidespeicher nahe dem Marktplatz befindet. Johnson hat hier niemals gelebt oder gearbeitet. Dennoch ist er gebürtiger Mecklenburger – und Klütz taucht verschlüsselt in seinem berühmtesten Roman „Jahrestage" als fiktive Stadt „Jerichow" auf.

Von Klütz sind es nur wenige Kilometer bis nach Boltenhagen. Das Ostseebad ist das zweitälteste Seebad in Mecklenburg. Den Grundstein für den Tourismus legte die gräfliche Familie Bothmer, die im 19. Jahrhundert die ersten Kurhäuser und Stege errichten ließ. An der Strandpromenade reihen sich die Ferienhäuser aneinander, und so mancher Baustil erinnert noch an die Frühzeit des Bädertourismus vor hundert Jahren.

Eine halbe Autostunde entfernt ragen die Kirchtürme von Wismar in den Himmel. Die kleine Hansestadt wurde 2002 gemeinsam mit Stralsund als Historische Altstadt in die Welterbeliste der UNESCO gewählt. Die Wismarer Altstadt breitet sich auf einer Fläche von 76 Hektar aus. Das macht sie zur größten im Ostseeraum. Der Markt beherbergt eines der Wahrzeichen der Stadt: die von 1580 bis 1602 erbaute Wasserkunst, ein Brunnen im Renaissance-Stil, der die Wasserversorgung sicherstellte. Das klassizistische Rathaus sowie das Bürgerhaus „Alter Schwede" sind weitere bauliche Meisterwerke am Marktplatz.

Schweden ist ein wichtiges Stichwort in der Stadtgeschichte. Von einer kleinen Unterbrechung abgesehen, war Wismar zwischen 1632 und 1803 schwedisch. Eine Reihe von Gebäuden verweist noch heute auf diesen Umstand. Drei wichtige Kirchen spielen in der Stadtgeschichte eine bedeutende Rolle: die Ma-

Wo Wasser ist, sind Brücken meist nicht weit: die Schweinsbrücke in Wismar.

rienkirche, St. Nicolai und die St. Georgen. Von der Marienkirche ist nur noch der Turm übrig, nachdem Krieg und Sprengungen zu DDR-Zeiten großen Schaden angerichtet hatten. Auch die Georgenkirche teilt ein ähnliches Schicksal. Sie wurde nach der Wende mit Spendengeldern und staatlicher Finanzhilfe wieder aufgebaut.

Vor den Toren Wismars liegt die kleine Insel Poel, die seit 1760 durch einen Damm mit dem Festland verbunden ist. Auf dem flachen und fast baumlosen Eiland mit seinen schönen Stränden blüht im Sommer der Raps, überall verbreiten Felder und Weiden eine fast poetische Stimmung. Im Süden von Poel geht der Blick hinüber nach Wismar. Der Hauptort Kirchdorf liegt an einer Ostsee-Bucht, die Kirchsee heißt. Poel kann man ohne Übertreibung ein Paradies für Wanderer und Fahrradfahrer nennen.

Zwei weitere bekannte Seebäder liegen auf dem Weg nach Rostock: Kühlungsborn und Heiligendamm. Kühlungsborn beeindruckt mit prächtigen Stränden und noch prächtigerer Bäderarchitektur. Die beiden Ortsteile werden durch eine gut drei Kilometer lange Promenade miteinander verbunden. Ein in der Nähe stehender Grenzturm erinnert an die Geschichte der deutschen Teilung. Heiligendamm ist ein Stadtteil von Bad Doberan und kann sich den Titel „Ältestes Seebad Deutschlands und Kontinentaleuropas" seit 1793 auf seine Fahnen schreiben. International bekannt wurde es durch den Weltwirtschaftsgipfel der G-8-Staaten im Jahre 2007.

Duftende Heckenrosen in Klütz.

EIN JUWEL BAROCKER BACKSTEINARCHITEKTUR

Nach aufwändiger Renovierung erwacht das Schloss zu neuem Leben

Nur wenige Kilometer von der Ostsee entfernt liegt Schloss Bothmer inmitten einer idyllischen Parkanlage. Der Erbauer dieses Juwels der barocken Backsteinarchitektur, Graf Hans Caspar von Bothmer, lebte 1726, als das Schloss in Klütz erbaut wurde, als Diplomat in London. Er arbeitete für König George I., der als Kurfürst Georg Ludwig von Hannover der erste Deutsche auf dem englischen Thron wurde. Für treue Dienste schenkte der König dem Grafen das Bothmer House, die heutige Downing Street Nr. 10.

Seit Pfingsten 2015 ist die größte barocke Schlossanlage Mecklenburg-Vorpommerns nach aufwändiger Renovierung der Öffentlichkeit zugänglich. „Unsere Besucher können beim Rundgang durch das Haupthaus nicht nur die restaurierten Räume bewundern, sondern in unserer interaktiven Ausstellung das Leben der gräflichen Familie und den Schlossbau anschaulich nachvollziehen", sagt Museumspädagogin Nadine Schmidt.

Das aus 13 Gebäuden bestehende Gebäudeensemble und der weitläufige Park locken in jedem Jahr 50 000 Besucher an. Die herrliche Anlage dient zudem als beeindruckende Kulisse für zahlreiche Konzerte und Veranstaltungen, zu denen auch die Festspiele Mecklenburg-Vorpommern zählen. Museumsbesucher und Ausflugsgäste können sich im Café und Restaurant „Orangerie Schloss Bothmer" kulinarisch verwöhnen lassen.

Als letzter Bauabschnitt wird der Westflügel mit neuen Konzertsälen und einem Museumsshop 2016 fertiggestellt sein. Das Schloss ist auch im „praktischen" Leben verankert. In den historischen Räumen können Tagungen, Feste und Firmenveranstaltungen gebucht werden. Und wer eine unvergessliche Hochzeit erleben möchte, kann sich im Standesamt des Schlosses trauen lassen.

SCHLOSS BOTHMER
Schlösserverwaltung des Landes MV
Am Park
23948 Klütz
Telefon 03 88 25 / 38 53 18 76 82
nadine.schmidt@bbl-mv.de
www.schloss-bothmer.info

ALTLÄNDER PFANNKUCHEN TRIFFT KAISER WILHELM

In der Klützer Mosterei & Brennerei werden alte Obstsorten wiederentdeckt

Wer die Klützer Mosterei & Brennerei besucht, braucht erst einmal ein paar Minuten, um all die Sinneseindrücke zu verarbeiten, die sich dem Auge bieten: Flaschen unterschiedlicher Form und Größe mit all den verführerischen Getränken, hinten im Raum die metallene Brennblase, an den Wänden Kunst der Malerin Ana Sojor. „Wir stehen mitten in unserem kleinen Hofladen“, erklärt Johann Volk die reizvolle Szenerie. Er betreibt seit 2013 die Mosterei & Brennerei im Kunst- und Kulturhaus „Alte Molkerei“.

Hier werden hauseigene sortenreine Direktsäfte in Bioqualität, Brände, Liköre, Geiste, Essige, Marmeladen, Kaffee & Kuchen sowie Bioeis angeboten. „Grundlage unserer Säfte ist die Streuobstwiese des ehemaligen Küchengartens von Schloss Bothmer“, sagt Johann Volk. Rund 200 Obstbäume liefern alte Apfelsorten wie „Altländer Pfannkuchen“ und „Kaiser Wilhelm“, aus denen der öko-zertifizierte Betrieb qualitativ hochwertigen naturtrüben Apfel-Direktsaft produziert. „Wir setzen auf Qualität und Nachhaltigkeit statt Masse“, lautet das Credo. Aber auch Birnen- und Pflaumensäfte werden hergestellt, Beerenfrüchte für Säfte, Liköre, Brände und Geiste verarbeitet. Mittlerweile beliefert die Mosterei & Brennerei mit ihren Produkten eine Reihe von Läden in der Umgebung.

Führungen und Verkostungen erfreuen sich zunehmender Beliebtheit, und so mancher Stammgast steuert regelmäßig die durch eine Tür getrennte „La Lecheria“ an, die als Programmkino, Galerie und Flamenco-Bühne das Spektrum der Sinneseindrücke noch erweitert. Hier und in der benachbarten Galerie „die KUNSTdasWERK“ präsentiert sich Ehefrau und Künstlerin Ana Sojor mit ihren Kreativprojekten.

KLÜTZER EDELBRAND DESTILLERIE
Johann Volk
Lübecker Straße 3
23948 Klütz
Telefon 03 88 25 / 37 12 68
info@kluetzer-mosterei.de
www.alte-molkerei-kluetz.de

WO GÄSTE IHRE AKKUS WIEDER AUFLADEN

Im Gutshaus Stellshagen finden Körper und Geist zu neuem Einklang

Inmitten von Blumenwiesen, Feldern und Wäldern erhebt sich das Gutshaus Stellshagen auf einem kleinen Hügel. Die Ostsee ist spürbar nah hier im Klützer Winkel, die Luft klar und rein. Ein Ort der Ruhe und der puren Entspannung. Seit 1996 begrüßen Gertrud Cordes und ihr Team Gäste aus ganz Deutschland, die sich eine kleine Auszeit nehmen aus ihrem hektischen (Berufs-)Alltag und durch einen bewussten Umgang mit sich selbst und der Natur ihren Körper und ihren Geist wieder in Einklang bringen möchten.

Alles im Gutshaus ist darauf abgestimmt: Das gute vegetarische Essen in Bioqualität, serviert in einer liebevollen Atmosphäre, gehört genauso dazu wie die Gestaltung des Hauses und der komfortablen Zimmer unter baubiologischen Aspekten, die Parkanlage mit dem schönen Teich, das rot leuchtende Saunahaus aus Holz oder das TAO-Gesundheitszentrum. Hier können Gäste ihre Akkus wieder aufladen, mit Hilfe der Traditionellen Chinesischen Medizin, durch Ayurveda-Anwendungen, Massagen und sportliche Aktivitäten wie beispielsweise Yoga oder Nordic Walking.

Ein besonderes Angebot stellen die Minikuren dar, die Modell-Charakter haben. Einzelbehandlungen zu einem ausgewählten Gesundheitsaspekt garantieren maximale Regeneration. Die Angebotspalette ist umfassend: Vom Stressabbau über Shiatsu und Wirbelsäulenbehandlung bis zu Rebalancing, Entsäuerung und Augenentspannung reicht die Expertise der Therapeuten mit ihrer langjährigen Erfahrung.

Der behutsame Umgang mit der Natur und das Nachhaltigkeitskonzept dieses besonderen Hotels wurden mittlerweile mit zahlreichen Preisen und Auszeichnungen anerkannt.

GUTSHAUS STELLSHAGEN
Gertrud Cordes
Lindenstraße 1
23948 Stellshagen
Telefon 03 88 25 / 4 40
info@gutshaus-stellshagen.de
www.gutshaus-stellshagen.de

DIE MARINA DER SUPERLATIVE

„Die YachtWelt Weiße Wiek" bietet perfekten Rundum-Service für Yachten und Motorboote

Der zentrale Treffpunkt der Segler und Motorboot-Kapitäne ist ein handgearbeiteter Holztisch vor dem italienischen Bistro „TAVOLO". Den hat Betreiber Andreas Hundsdörfer mit viel Hingabe selbst getischlert. Er dient während der Saison als Meeting Point, Kommunikationsdrehscheibe und Ort zum Kennenlernen. Denn wenn im Sommer Hochbetrieb herrscht auf der 5-Sterne-Marina an der Ostsee, brauchen nicht nur die Schiffe ihren Ankerplatz. Auch die Bootsführer kommen gerne auf einen Kaffee, ein Bier oder ein Glas Wein mit einem kleinen italienischen Snack ins „TAVOLO", wo sie sich auch mit Lebensmitteln versorgen können.

2008 ging die komfortable und ganzjährig geöffnete Marina mit ihren 350 Liegeplätzen an den Start und offeriert modernste Ausstattungen: Von Schwimmstegen über die eigene Slipanlage bis zum hochmodernen Sanitärbereich reicht das Angebot. Boote bis 60 Meter Länge und 4,30 Meter Tiefgang können hier als Dauer- oder Gastlieger ankern und den Rundum-Full-Service der Yachtwelt Weiße Wiek in Anspruch nehmen.

Zu den angebotenen Leistungen gehört das Fußballfeld-große Außenlager, wo auch Segelboote mit stehendem Mast untergebracht werden können, eine Seltenheit hierzulande. Daneben das temperierte Winterlager und der komplette Service einer eigenen Werft. „Wir reparieren, rüsten aus und versorgen unsere Kunden mit der passenden Ausstattung diverser Top-Marken wie zum Beispiel Volvo Penta und Yanmar", so Andreas Hundsdörfer. Und wer eine neue Yacht sucht, kann auf den hauseigenen Vertrieb mit einer Auswahl an Yachten zurückgreifen.

Fünf Hausboote, die als schwimmendes Hotelzimmer gemietet oder gekauft werden können, und eine Event-Bühne für Veranstaltungen aller Art komplettieren das außergewöhnliche Ambiente einer der besten Ostsee-Marinas.

YACHTWELT WEISSE WIEK
Andreas Hundsdörfer
Zum Hafen 3
23946 Ostseebad Boltenhagen
Telefon 03 88 25 / 2 63 90
info@yachtwelt.de
www.yachtwelt.de

JAN-NILS

Was wäre die Ostsee ohne ihre Möwen?

Lübzer

FRISCHER FISCH UND SKANDINAVISCHES DESIGN

Der „Deichläufer" punktet mit hervorragender Küche und besten Aussichten

Der „Deichläufer" in Boltenhagen liegt nur einen Steinwurf vom unverbauten Ostseestrand entfernt. Die ungewöhnliche Architektur im skandinavischen Design mit viel Tageslicht, großen Fensterflächen und warmen Holztönen strahlt Offenheit und Freundlichkeit aus und wirkt sehr einladend. Von den bei Gästen besonders beliebten Tischen der oberen Galerie genießt man den Blick aufs Meer. Die Außenterrasse mit ihren 67 Plätzen ist im Sommer ebenso heiß begehrt wie die sechs hauseigenen Parkplätze.

Nicht nur die Lage des Hauses ist perfekt, sondern auch das, was das Küchenteam um Peter Rachow auf den Teller zaubert. Auf der Speisekarte findet sich eine Mischung aus Klassikern wie Dorsch, Pannfisch und Lachs sowie ungewöhnlichen Spezialitäten des Meeres, zum Beispiel Filet vom Roten Knurrhahn. Ergänzt wird das Angebot durch die Überraschungen des Tagesfangs, den die Fischer frisch aus den Netzen einholen. Und selbstverständlich darf auch in einem guten Fischrestaurant die Auswahl an Fleischgerichten und Salaten nicht fehlen.

Als der „Deichläufer" 1994 eröffnete, konnte niemand wissen, wie erfolgreich das Restaurant einmal werden würde. „Das haben wir durch harte Arbeit, qualitativ hochwertige Produkte und freundlichen Service erreicht", ist Peter Rachow überzeugt. Er führt als ausgebildeter Koch und Küchenmeister gemeinsam mit Ehefrau Verena und Tochter Daniela den Familienbetrieb. Hier essen Boltenhagener genauso gern wie die zahlreichen Touristen aus ganz Deutschland. Es gibt einen Mittagstisch und eine Abendkarte – und es gibt einen Strandimbiss während der Saison, wo Snacks und Getränke auf die Hand verkauft werden.

RESTAURANT DEICHLÄUFER
Verena & Peter Rachow
Dünenweg 6
23946 Ostseebad Boltenhagen
Telefon 03 88 25 / 2 99 45
deich6@freenet.de
www.restaurant-deichlaeufer.de

DIE DREI DAMEN UND IHRE HEISSGELIEBTEN SUPPEN

Frisch, schnell und freundlich – das ist die Maxime im „SuppenGRÜN"

In der Mittagszeit laufen Stefanie Nowacka, ihre Mutter Silke, Oma Waltraud sowie die Mitarbeiter zur Hochform auf. Dann trudelt der tägliche Kunden-Mix aus Angestellten der umliegenden Büros und Geschäfte, aus Schülern, Studenten, Rentnern und Touristen im „SuppenGRÜN" ein. Viele von ihnen sind Stammgäste, und alle eint die Vorfreude auf frische, leckere hausgemachte Suppen, knackige Salate und himmlische Desserts. Donnerstags steht zusätzlich ein Pastagericht auf der Karte, freitags immer eine Soljanka.

Auch wenn der Laden brummt, muss niemand lange auf seine heißgeliebte Suppe warten. Am Verkaufstresen des denkmalgeschützten Hauses mit seinen schönen alten Holzbalken ist die Wartezeit nur kurz: „Innerhalb von einer Minute werden unsere Gäste bedient und können ihr Essen entweder mit ins Büro oder nach Hause nehmen oder bei uns im kleinen gemütlichen Bistro genießen", sagt Stefanie Nowacka, die ausgebildete Restaurant- und Hotelfachfrau ist.

Fünf leckere Suppen stehen auf der Speisekarte, die wöchentlich wechselt. „Das Angebot reicht von regionalen Spezialitäten wie Steckrübeneintopf mit Kasseler über die Finnische Lachssuppe bis zum vegetarischen Linsen-Kokos-Topf", beschreibt Silke Nowacka-Paetzold die kulinarische Bandbreite. Das engagierte Team vom SuppenGRÜN kann dabei aus einem Kochrezept-Schatz von rund 200 Suppen wählen. Einige der gesunden „Magenwärmer"-Rezepte stammen von Oma Waltraud, die mit Mitte 70 noch immer die gute Seele des Hauses ist und fleißig mitarbeitet.

Auch in Sachen Catering ist man bei SuppenGRÜN an der richtigen Adresse: Auf Familienfeiern, Sportveranstaltungen oder Firmen-Events sind die Suppen der drei Damen heißbegehrt.

SUPPENGRÜN
Stefanie Nowacka, Silke Nowacka-Paetzold
Dankwartstraße 11
23966 Wismar
Telefon 0 38 41 / 2 43 01 28
info@suppengruen-wismar.de
www.suppengruen-wismar.de

DAS HAUS DER KULINARISCHEN UND KÜNSTLERISCHEN GENÜSSE

Kunstausstellungen bei Kaffee und Kuchen ziehen viele Besucher an

Die Hommage an die geliebte Großmutter Elfriede drückt sich noch heute im Namen des Café Frieda aus. Kathy Gordon, auf Poel aufgewachsen und nach Lehr- und Wanderjahren im In- und Ausland wieder zur heimischen Scholle zurückgekehrt, betreibt das Café seit 2010.

Im üppigen Garten und im liebevoll restaurierten Haus von 1895 warten sie und ihre sechs Mitarbeiterinnen mit kulinarischen und künstlerischen Genüssen auf. Leckere hausgemachte Kuchen und Torten sowie weitere herzhafte Kleinigkeiten werden unten im Gastraum serviert. Der Biokaffee ist fair gehandelt, und vor allem in den Sommermonaten, wenn die Insel ein beliebtes Touristenziel ist, faucht und zischt die original italienische Kaffeemaschine fast ohne Unterbrechung. Das Café ist nicht nur bei Touristen beliebt, sondern auch bei den Einheimischen fest verankert. Ein weiterer Pluspunkt, der immer wichtiger wird, doch längst noch nicht überall in der Gastronomie Standard ist, ist die kostenlose WLAN-Nutzung.

Im ersten Stock befindet sich die Galerie auf dem ehemaligen Heuboden. Kunst und Kultur genießen einen großen Stellenwert im Café Frieda. „Mittlerweile stellen bei uns Künstler aus ganz Deutschland aus", sagt Kathy Gordon. Die Bandbreite ist dabei weit gefasst: Sie reicht von Malerei und Bildender Kunst über Autorenlesungen, Operettenabende bis zu Schmuck-Workshops. Das Kunst- und Kulturcafé genießt als Ausstellungsort inzwischen einen hervorragenden Ruf in der Kunstszene. „So manchen Künstler, der anfragt, müssen wir auf die Warteliste setzen", erklärt Kathy Gordon nicht ohne Stolz.

CAFÉ FRIEDA
Kathy Gordon
Oertzenhof 4
23999 Insel Poel
Telefon 03 84 25 / 42 98 20
geniessen@cafe-frieda.de
www.cafe-frieda.de

BADESCHEUNE UND WOHLFÜHLHÄUSCHEN

Das „Seehotel" entpuppt sich als idyllisches Paradies

Einen Katzensprung von der Hansestadt Wismar entfernt liegt inmitten des Naturschutzgebietes Sternberger Seenland ein idyllisches Paradies: das Seehotel am Neuklostersee. 1993 von dem Berliner Architektenehepaar Johanne und Gernot Nalbach erworben, wurde es mit viel Liebe zum Detail umgebaut und stetig erweitert.

Heute verfügt das Hotel über 26 individuell gestaltete Zimmer, Suiten und Ferienhäuser. Zu der Anlage, samt herrlichem Park, gehören die Badescheune mit Pool und Saunalandschaft, das Wohlfühlhäuschen für Anwendungen, die Gänsebar für Genießer und Raucher, aber auch das Kinderhotel, Tennisplätze, Reitmöglichkeiten und der Sandstrand mit Boots- und Badesteg.

In der Kunstscheune, der reetgedeckten Fachwerkscheune aus dem 19. Jahrhundert, werden Konzerte, Lesungen und Puppenspiele geboten. Sie ist Spielstätte der „Festspiele Mecklenburg-Vorpommern" und bietet auch Raum für Hochzeiten, Feierlichkeiten oder Seminare.

Das hoteleigene Restaurant „Allesisstgut" hat sich dem Slow-Food-Gedanken verschrieben und macht die regionale Speisekultur erlebbar: Die Küche bezieht ihre Produkte nur von persönlich bekannten Erzeugern aus der Region, wie z. B. fangfrischen Fisch aus dem Neuklostersee, Fleisch von umliegenden Bio-Bauernhöfen oder Kräuter aus dem eigenen Kräutergarten.

Seine Gäste umschreiben die besondere Atmosphäre des Ortes gerne mit den Worten „Wohnen wie bei guten Freunden". Die Tage werden beim Schwimmen, Radfahren, Tennisspielen oder Spazierengehen kurzweilig. Die Nächte inmitten der Natur sind herrlich ruhig und entspannend – und die Kräftereservoirs nach einem Wochenende hier wieder voll aufgetankt.

SEEHOTEL AM NEUKLOSTERSEE
Johanne & Gernot Nalbach
Seestraße 1
23992 Nakenstorf
Telefon 03 84 22 / 45 70
seehotel@nalbach-architekten.de
www.seehotel-neuklostersee.de

HOTEL
Reception:
Restaurant:
Willkommen
Hotel
Restaurant

Eine Landschaft wie ein naturalistisches Gemälde.

Die rötlichen Fassaden der Backsteingotik prägen die Rostocker Altstadt.

Der Marktplatz ist eines der beliebtesten Fotomotive der Hansestadt.

ROSTOCK UND WARNEMÜNDE: MARITIMES FLAIR UND BACKSTEINGOTIK

Mecklenburg-Vorpommerns größte Stadt besitzt zahlreiche architektonische Kleinode und ist ein bedeutender Fährhafen

Wenn an einem schönen Sommertag im August Hunderte von liebevoll restaurierten Traditionsseglern, Windjammern, eleganten weißen Kreuzfahrtriesen, Museumsschiffen und Fähren im Rostocker und Warnemünder Hafen zu ihren Paraden auflaufen und sich bis zu eine Million Zuschauer an der Wasserlinie drängen, dann feiert die Stadt eine neue Ausgabe der Hanse Sail. Schiffe aus aller Welt steuern Rostock an und nehmen teil an einem der größten maritimen Feste der Welt.

Und wenn der Bundespräsident die Eröffnungsrede hält, ist das nicht nur ein offizielles Statement seitens des Staates, sondern auch eine persönliche Herzensangelegenheit des deutschen Staatsoberhauptes: Denn Joachim Gauck wurde in Rostock geboren.

Rostock, das ist heute die Tradition einer altehrwürdigen Hansestadt mit den modernen Entwicklungen des Hafens. Mittlerweile hat dieser sich zur größten deutschen Kreuzfahrtdrehscheibe gemausert, mit mehr als 350000 Passagieren im Jahr. Einer der Motoren dieser Entwicklung sind die guten Fähranbindungen nach Skandinavien und ins Baltikum. Und auch die Tatsache, dass AIDA Cruises die Unternehmenszentrale in der Stadt hat, dürfte zum Aufschwung erheblich beigetragen haben.

Die 1,5 Millionen Touristen pro Jahr interessieren sich nicht nur für den maritimen Teil der Stadt, sondern auch für die wechselvolle Geschichte und eine Architektur, die viele Jahrhunderte Stadtgeschichte symbolisiert. Trotz Zerstörungen, etwa durch den verheerenden Stadtbrand von 1677 und die Bombardierungen im Zweiten Weltkrieg, verfügt Rostock immer noch über einen reichen Altbaubestand und einen relativ geschlossenen Altstadtkern.

In der Stadtmitte erhebt sich die mächtige Kirche St. Marien, ein Hauptwerk der Backsteingotik. Auf der Ostseite des Marktes steht das Rathaus aus dem 13. Jahrhundert, dem später eine Barockfassade vorgesetzt wurde. Von der mittelalterlichen Rostocker Stadtbefestigung sind noch rudimentäre Teile vorhanden: das Kuhtor, Steintor, Kröpeliner Tor, das Mönchentor sowie der Lagebuschturm und Reste der Wehrmauer.

Die Warnow, die hier mündet, gab dem Seebad seinen Namen: Warnemünde ist heute Deutschlands bedeutendster Kreuzfahrthafen.

Nach der Wiedervereinigung haben renommierte Architekten ihre modernen städtebaulichen Akzente gesetzt: Henning Larsen aus Kopenhagen entwarf das Gebäude des Max-Planck-Instituts und die Universitätsbibliothek, Meinhard von Gerkan aus Hamburg Einkaufspassagen und Helmut Jahn aus Chicago die Deutsche Med.

Die Stadt setzt seit einigen Jahren verstärkt auf den Ausbau des Wissenschafts- und Technologiestandortes. Hier macht Rostock zunehmend eine gute Figur: Vor allem die 1419 gegründete Universität, die drittälteste in Deutschland und zugleich die älteste in Nordeuropa, mehrere Forschungsinstitute und zahlreiche hoffnungsvolle Start-up-Unternehmen begründen den wachsenden Ruf als Hightech-City.

Doch was wäre Rostock ohne seine „schönste Tochter"? Das einstige Fischerstädtchen Warnemünde, längst eingemeindet, hat sich zum renommierten Seebad entwickelt. Das fällt leicht, wenn man mit einem sieben Kilometer langen und sehr breiten Prachtstrand gesegnet ist.

Die beiden Wahrzeichen der Stadt sind der 37 Meter hohe Leuchtturm von 1897, der in der Sommersaison für Besucher geöffnet ist, und das Gebäude nebenan, das man aufgrund seiner muschelförmigen Konstruktion im Volksmund Teepott nennt. Sehenswert sind die Kapitäns- und Fischerhäuschen am Alten Strom, einem ehemaligen Mündungsarm des Flüsschens Warnow. Hier scheint die Zeit stehen geblieben zu sein. Vieles ist noch so, wie es war, als die ersten Badegäste nach Warnemünde kamen. Auf der anderen Seite des Stroms – der sogenannten Mittelmole – finden sich der Alte Fährhafen, der Bahnhof und die Marinas.

Teepott und Leuchtturm: überraschendes Ensemble am Ostseestrand.

WEINWIRTSCHAFT

ÜBERNACHTEN MIT DEM BESONDEREN TOUCH

Die arcona Hotels & Resorts sind auf Wachstumskurs

Die arcona HOTELS & RESORTS sind eine junge, innovative Hotelkette, die 2008 mit acht Häusern an den Start ging. Mittlerweile gehören 16 Herbergen zum Portfolio, die unter verschiedenen Markennamen firmieren: Die arcona Stadt-Hotels im 3-4-Sterne-Bereich sprechen mit guter Lage und klassischem Komfort Geschäftsreisende und Städtetouristen gleichermaßen an. Die Standorte sind Stralsund, Rostock, Potsdam und Stuttgart.

Unter der jungen Marke LIVING (Berlin, Leipzig, Osnabrück, Baden-Baden, München und Schaffhausen, CH) firmieren individuelle Häuser mit dem gewissen Touch: Alle haben die behagliche Atmosphäre eines kleinen, aber feinen Boutique-Hotels, in dem die Gäste sich auf familiäre Weise – auch für einen längeren Aufenthalt – wohlfühlen.

Als Franchise-Partner wird unter dem Dach der Steigenberger Hotels in Rostock, Wismar, Braunschweig, Osnabrück und Eisenach die bekannte und gewohnte Steigenberger-Qualität geboten. Daneben betreibt das Unternehmen den Golfclub Schloss Teschow in Mecklenburg-Vorpommern.

Mit der „Weinwirtschaft" wird ein einzigartiges Gastronomiekonzept umgesetzt. „Wie ein Besuch bei guten Freunden – so sollen unsere Gäste sich in den mittlerweile zwölf Weinwirtschaften fühlen", umreißt Christiane Winter-Thumann von den arcona HOTELS & RESORTS die Gastro-Philosophie. Die frische saisonale Küche offeriert eine Mischung aus regionalen Spezialitäten und internationalen Gerichten auf hohem Niveau. Alle Weine, die in den Weinwirtschaften ausgeschenkt werden, kann man auch für den Genuss zuhause kaufen.

Um die lokale Verankerung im heimischen Bundesland zu unterstreichen, engagiert sich die Hotelgruppe auch kulturell: als langjähriger Hauptsponsor der Festspiele Mecklenburg-Vorpommern.

ARCONA HOTELS & RESORTS
Alexander Winter
Steinstraße 9
18055 Rostock
Telefon 03 81 / 4 58 51 10
info@arcona.de
www.arcona.de

WO DER HAARSCHNITT ZELEBRIERT WIRD

Die Rostocker Trendsetter in Sachen Hairstyling setzen auf besondere Erlebniswelten

Dass es bei Stefanie Ehrich, ihrem Teilhaber André Leddermann und dem 12-köpfigen Team um mehr als bloßes Haareschneiden geht, wird bereits beim Begrüßungsritual deutlich: „Unsere Kunden sind immer wieder aufs Neue überrascht, was wir uns einfallen lassen, um ihren Besuch zu einem besonderen Erlebnis werden zu lassen", sagt die Friseurmeisterin, die jahrelang bei der international renommierten Coiffeurin Marlies Möller in Hamburg als Friseurin und Ausbilderin gearbeitet hat.

Der Willkommensgruß ist jedes Mal ein ganz persönliches Pflege-Ereignis. Das kann etwa ein Handpeeling sein oder das Auftragen ätherischer Öle. Die Wohlfühlmomente werden von Shiatsukopfmassagen, Gesichts- und Handmassagen erst so richtig abgerundet. „Sie sind zu einem unverzichtbaren Bestandteil des Wellness- und Beauty-Konzepts geworden", ergänzt André Leddermann. Daran schließt sich eine professionelle und individuelle Beratung an, bei der ausgelotet wird, in welche Richtung die Wünsche und Vorstellungen des Kunden gehen.

Eine Spezialität der Rostocker Trendsetter in Sachen Hairstyling und Wellness ist der Trockenhaarschnitt. „Trockenes Haar lässt sich viel besser formen und modellieren als nasses Haar", erklärt sie den feinen, aber entscheidenden Unterschied für die perfekte Frisur. Dabei wird die Haarspitze mit einer speziellen Technik so geschnitten, dass sie wie natürlich gewachsen aussieht.

Doch Stefanie Ehrich hat eine umfassendere Vorstellung von Wellness und Beauty: Die fachliche Weiterbildung des Teams, die jährlich stattfindende eigene Modenschau ART EN VOGUE und Angebote, Stylingabende mit Tipps und Tricks für Kundinnen zu veranstalten, sind Ausdruck dieser Philosophie.

STEFANIE EHRICH FRISEURE
Stefanie Ehrich & André Leddermann
Große Wasserstraße 2
18055 Rostock
Telefon 03 81 / 6 66 30 88
www.se-friseure.de

SEVERA

EIN MARITIMES ÜBERNACHTUNGSERLEBNIS DER BESONDEREN ART

Zwei ehemalige Flusskreuzfahrtschiffe punkten mit Charme und guten Preisen

Etwas versteckt im Herzen des Rostocker Fischereihafengeländes liegen zwei historische Wohnschiffe vor Anker, die für Gäste ein maritimes Übernachtungserlebnis der besonderen Art garantieren. Severa 1 wurde 1914 gebaut und bietet 34 Doppel- und Einzelkabinen mit TV, die entweder mit Dusche und WC ausgestattet sind oder über Gemeinschaftsduschen und separate Toiletten verfügen.

Die Severa 2, gleich nebenan, stammt aus dem Jahr 1902 und bietet 16 Einzel- und Doppelkabinen, alle mit Dusche und WC. Von Deck eröffnet sich dem Besucher ein Panoramablick auf die Warnow, den Hafen und Teile der Stadt. „Ursprünglich fungierten die beiden ehemaligen Flusskreuzfahrtschiffe als Übernachtungsmöglichkeit für die Schifffahrtsschule, die sich in unmittelbarer Nachbarschaft befindet. Seit 2012 haben wir unsere beiden Traditions-Schiffe auch für Privatgäste geöffnet“, sagt Robert Wildfang, der sich mit sechs Mitarbeitern um das Wohl der Gäste kümmert.

Zentrale Anlaufstelle für alle ist die Messe. Sie ist Aufenthalts- und Frühstücksraum in einem und verleiht Seminaren, Feiern und Events den besonderen maritimen Charme. Hier stehen ein großer Fernseher mit SAT-Anlage, Kühlschrank, Mikrowelle und Wasserkocher für die Gäste bereit. Der kostenlose WLAN-Zugang ist inklusive. Kleine Snacks am Abend werden in der Zeit von 17 bis 19 Uhr serviert.

Die Übernachtungsgäste, die dieses Konzept anspricht, kommen aus ganz Deutschland. Von der Anglergruppe über Familien bis zu Bootsliebhabern reicht die Bandbreite derer, die sich an Bord pudelwohl fühlen. „Nicht wenige von ihnen begrüßen wir mittlerweile mit schöner Regelmäßigkeit als Stammgäste“, freut sich Robert Wildfang.

WOHNSCHIFFE SEVERA
Heiko Müller-Hauschildt
Alter Hafen Süd 10
18069 Rostock
Telefon 03 81 / 8 11 21 30
info@wohnschiffe-severa.de
www.wohnschiffe-severa.de

DAS CHARMANTE WOHLFÜHL-HOTEL AN DER OSTSEE

Das familiär-komfortable Haus punktet mit exzellentem Service und schöner Lage

Das Urlaubsgefühl stellt sich bereits bei der Ankunft ein: Die schöne Jugendstilvilla von 1890 steht in einer ruhigen Seitenstraße direkt am Kurpark, die Ostsee rauscht nur einen Steinwurf entfernt auf den breiten Sandstrand – und die Begrüßung im Kurpark-Hotel Warnemünde ist ausgesprochen warm und herzlich.

„Unsere Gäste schätzen genau diese Atmosphäre", sagt Kerstin Krause, die das Haus nach aufwändiger Renovierung seit 2005 führt. „Wir sind ein familiär geführtes kleines 4-Sterne-Hotel mit 18 individuell eingerichteten Zimmern." Die 12 Doppelzimmer, fünf Junior-Suiten und ein Apartment bieten je nach Wunsch modern-behaglichen Wohnkomfort im Louis-Philippe-Stil, altenglischen oder mediterranen Ambiente.

Einige Zimmer verfügen über einen Balkon oder eine Terrasse mit schönem Blick auf den Park oder die Ostsee. Morgens verwöhnt ein reichhaltiges Frühstücksbuffet die Gäste, bei schönem Wetter auch auf der Terrasse, abends genießen sie im hauseigenen Restaurant frische regionale Küche und mediterrane Spezialitäten – à la carte oder als täglich wechselndes Menü.

Eine kleine Wellnessoase mit klassischer und Infrarot-Sauna komplettiert das Wohlgefühl im Haus. Diese attraktive Melange zieht ganz unterschiedliche Gäste in ihren Bann: Familien, Paare, Geschäftsreisende und auch zunehmend Golfer, die im nahegelegenen Club spielen.

Viele von ihnen sind inzwischen treue Stammgäste geworden, die neben all den oben erwähnten Annehmlichkeiten vor allem auch die persönliche Betreuung durch die engagierten Mitarbeiter schätzen. „Ich bin stolz auf mein Team", sagt denn auch Kerstin Krause mit voller Überzeugung. Das sehen die Gäste vermutlich genauso.

KURPARKHOTEL WARNEMÜNDE
Kerstin Krause
Kurhausstraße 4
18119 Warnemünde
Telefon 03 81 / 4 40 29 90
info@kur-park-hotel.de
www.kurparkhotel-warnemuende.de

Bohlenweg am Darßer Ort.

Der Leuchtturm am Darßer Ort wurde 1848 erbaut und ist noch immer in Betrieb.

Ungewöhnliche Dachkonstruktionen: Windflüchter (links) und Kunstmuseum Ahrenshoop (rechts oben).

FISCHLAND-DARSS-ZINGST: DAS LAND DER KRANICHE

Drei Ostseeinseln wuchsen zu einer reizvollen Halbinsel zwischen Ostsee und Bodden zusammen

Wir fahren auf den Darß" heißt es kurz und bündig, wenn Besucher von der Halbinsel zwischen Bodden und Ostsee sprechen. Bis zum Mittelalter zerfiel das Gebiet in eine kleine Inselkette. Erst als die Bewohner im 14. Jahrhundert die Flutrinnen schlossen (zwischen Fischland und Darß) und später dann auch vor Zingst (im 19. Jahrhundert), wuchs die Region zusammen und bildete einen Brückenkopf zum Festland.

Fährt man von Ribnitz-Damgarten über die schmale Landzunge auf den Darß Richtung Ahrenshoop, taucht man in eine der schönsten Ostseelandschaften überhaupt ein: Links die breiten und schier endlosen Strände hinter den Dünen, rechts die charakteristische Boddenlandschaft. Mit dem Begriff bezeichnet man ein flaches, lagunenreiches Küstengewässer, das durch Halbinseln oder Inseln von der offenen See abgetrennt ist. Vor Fischland-Darß-Zingst sind sie mit zwei Metern nicht besonders tief, am Ufer dicht mit Schilf bewachsen und somit Lebensraum und Rückzugsgebiet für zahlreiche Tier- und Pflanzenarten. Diese wichtigen Besonderheiten waren der Grund für die Errichtung des Nationalparks Vorpommersche Boddenlandschaft zwischen der Halbinsel und Rügen. Aber auch dichte Wälder, Wiesen und vereinzelte bizarr aussehende Windflüchter prägen das Bild auf der Halbinsel.

Das Künstlerdorf Ahrenshoop ist bald erreicht. Das „Worpswede des Ostens" wird es manchmal genannt wegen der unzähligen Maler und Bildhauer, die Ende des 19. Jahrhunderts hierher kamen und das Dorf landesweit bekannt machten. Auch zu DDR-Zeiten setzte sich diese künstlerische Tradition fort und hat sich bis heute gehalten.

Sehenswert ist das 2013 eröffnete Kunstmuseum, das den traditionellen Baustil reetgedeckter Häuser modern interpretiert: Fünf Häuschen, die miteinander verbunden sind, bieten Platz für Dauer- und Wechselausstellungen, in denen neben Arbeiten der Gründergeneration der Kolonie auch aktuelle Werke zeitgenössischer Künstler gezeigt werden.

Sofort ins Auge fällt die Galerie Kunstkaten, deren dunkelblau-violetter Anstrich nicht zu übersehen ist. Weitere Galerien

Noch liegt der Barther Hafen im Morgendunst (links oben), kurz darauf erstrahlt die Sonne über dem Marktplatz (rechts unten).

und Künstlerhäuser an der Dorfstraße ziehen vor allem im Sommer viele kunstsinnige Besucher an. Ahrenshoop hat auch eine Steilküste: Nicht ganz so imposant wie die auf Rügen, doch das Hohe Ufer mit seiner 18-Meter-Abbruchkante kann sich sehen lassen. Vom Höhenwanderweg hat man einen wunderschönen Blick auf Ostsee und Bodden und schaut bis zur Wustrower Seebrücke südlich von Ahrenshoop.

Fast an der Nordspitze liegt das einstige Fischer- und Seefahrer-Dorf Prerow. Zu DDR-Zeiten galt der kleine Ort als eines der beliebtesten Ferienziele. Bis zu 10 000 Besucher aalten sich im Sommer täglich in Sechserreihen am fünf Kilometer langen feinsandigen Strand. Auch heute spielt der Tourismus die herausragende Rolle: Vom Hafen stechen regelmäßig Ausflugsboote zu Boddenrundfahrten in See. Westlich von Prerow liegt der urwüchsige Darßwald, der sich bis unmittelbar an die Küste zieht und Teil des Nationalparks Vorpommersche Boddenlandschaft ist.

Zingst gilt als touristisches Zentrum der Halbinsel. Seit der Wende wurden viele neue Übernachtungsmöglichkeiten – von einfach bis luxuriös – geschaffen. Östlich von Zingst liegt einer der größten Rastplätze für Kraniche in Europa. Im Oktober erreicht die Zahl der rastenden Vögel mehrere Zehntausend Exemplare und lockt Hobby-Ornithologen aus ganz Europa an.

Wenn man von Zingst aus die Halbinsel wieder verlässt, sollte man einen Abstecher nach Barth machen. Sehenswert sind die im 13. Jahrhundert erbaute Sankt-Marien-Kirche, der Marktplatz mit alten Bürgerhäusern und das Adlige Fräuleinstift.

Die Sonne glitzert im herbstlichen Morgennebel.

Schimmel's
B 106

DREIKLANG AUS DER KÜCHE: GENUSS, QUALITÄT UND LIFESTYLE

Das „Schimmel's" steht für regionale Produkte, die neu interpretiert werden

Wer gehobene Landhausküche mit regionalen Produkten sucht, die frisch zubereitet und mit kreativen neuen Ideen weiterentwickelt worden sind, ist im „Schimmel's" genau richtig. In bester Lage in Hafen- und Strandnähe liegt das im Kapitänshausstil neu errichtete Gebäude und bietet 26 Plätze drinnen und bei schönem Wetter weitere Sitzgelegenheiten draußen.

Gastgeber sind Maren Schimmelpfennig als Restaurantfachfrau und ihr Mann Ralph Schulze als gelernter Koch, die von einem kompetenten Team von sechs Mitarbeitern unterstützt werden. „Auf unserer kleinen feinen Karte bieten wir nur das Beste aus der Region", sagt Ralph Schulze. Und das ist bekanntlich eine ganze Menge: Fangfrischer Ostseedorsch und Boddenzander lassen sich die Gäste genauso gerne schmecken wie Bauernente, Lamm und Wildgerichte. Ein regelmäßig wechselndes Menü komplettiert die Abendkarte. „Auch unsere Weine sind mit großer Sorgfalt zusammengestellt", betont Maren Schimmelpfennig. Rund 170 Positionen aus der Alten Welt stehen auf der Weinkarte – eine ungewöhnlich große Zahl an edlen Tropfen.

Viele Stammgäste aus der Region und ganz Deutschland kehren regelmäßig im „Schimmel's" ein – ob zum Abendessen oder zu Kaffee und Kuchen am Nachmittag. Während der Saison ist eine rechtzeitige Reservierung also ratsam. Die Begriffe Genuss, Qualität und Lifestyle interpretieren Maren und Ralph in einem umfassenderen Sinn: Außer dem Restaurant gehören drei Gästezimmer im ersten Stock, ein weiteres Gästehaus mit vier Ferienwohnungen und die „Rosine" zum Angebot. Dort findet man von Feinkost und Weinen bis zur Tischkultur eine breite Palette schöner Dinge.

SCHIMMEL'S
Ralph Schulze & Maren Schimmelpfennig
Parkstraße 1
18347 Ostseebad Wustrow
Telefon 038220/66500
info@schimmels.de
www.schimmels.de

DAS SCHÖNE HAUS AM MEER

„The Grand" in Ahrenshoop verbindet Tradition mit modernstem Komfort

Im Grunde ist unser Job ganz einfach", sagt Gastgeber Thomas Döbber-Rüther. „Wir machen es Ihnen hier so schön wie möglich." Dass das nicht schwerfällt, sieht der Besucher auf der Stelle, wenn er staunend auf der Dachterrasse des „Weitblick" steht und der etwas abgegriffene Begriff Panoramablick endlich einmal ohne Abstriche zutrifft.

Vorne die Ostsee und ihre weiten weißen Strände, im rückwärtigen Teil die Boddenlandschaft mit ihrem ganz eigenen Reiz. Die Terrasse der Bar „Weitblick" mit ihrem angeschlossenen Bistro gilt als der Treffpunkt auf dem Darß, wenn man gepflegte Drinks und hervorragendes Essen in einem ungewöhnlichen Ambiente genießen möchte.

The Grand ist das elegante und behagliche 5-Sterne-Hotel mit all den Annehmlichkeiten, die der Reisende, der das Besondere sucht, erwartet: 81 komfortable Zimmer und Suiten, die Gastronomie im Restaurant Bogislav mit leichter feiner regionaler Küche auf Top-Niveau, der 3000 Quadratmeter große Spa- und Wellnessbereich Makani Spa & Sports, Indoor-Pool, eine Golf-Lounge und vieles mehr runden das Wohlfühl-Angebot ab.

Um die Verbindung zum berühmten Künstlerort Ahrenshoop herzustellen, bietet das Hotel heimischen Kreativen auf elf Etagen den Raum, ihre Arbeiten auszustellen – in den Zimmern und auf den Fluren. So enthält jedes Zimmer und jedes Stockwerk sein unverwechselbares Gesicht. Und wer sich in das eine oder andere Ausstellungs-Objekt „verguckt" hat, kann es käuflich erwerben.

„Bei uns können Sie den Luxus der Neuzeit in einem traditionsreichen Künstlerort inmitten unverfälschter Natur genießen", beschreibt Thomas Döbber-Rüther die Philosophie des Hotels.

THE GRAND
Geschäftsführer Oliver Schmidt
Direktor Thomas Döbber-Rüther
Schifferberg 24
18347 Ostseebad Ahrenshoop
Telefon 03 82 20 / 67 80
info@the-grand.de
www.the-grand.de

DAS RUNDUM-SORGLOS-PAKET FÜR DEN URLAUB

Zahlreiche Ferienhäuser und Wohnungen sind im Angebot

Wenn Sie die Halbinsel Fischland-Darß-Zingst mit ihren breiten Sandstränden auf komfortable und zugleich individuelle Weise erleben und genießen wollen, sind Sie bei uns genau richtig", sagt Claudia Keilig, Geschäftsführerin der führenden Ferienagentur Meerfischland. Die ausgebildete Immobilienkauffrau, die in Prerow aufwuchs, ist seit 2005 selbständig und offeriert Urlaubsgästen auf dem Darß das Rundum-sorglos-Paket für die schönsten Wochen des Jahres.

Wer ein komfortables Ferienhaus oder eine Ferienwohnung mit Niveau sucht, wird bei Meerfischland garantiert fündig. Das Angebot an schönen Immobilien sucht seinesgleichen. Ob Strandhäuser mit traumhaftem Meerblick direkt hinter der Düne oder ein ruhiges Haus am Schilf nahe der Boddengewässer – für alle Wünsche und Vorlieben hat Meerfischland das passende Objekt im Angebot. Zu den Serviceleistungen der Agentur gehören neben der Vermittlung auch die Grund- und Endreinigung, Hausmeisterdienstleistungen, Reservierungen und die allgemeine Gästebetreuung.

„Einigen unserer Stammgäste, die sich in die schöne Landschaft unserer Halbinsel so sehr verliebt haben, konnten wir sogar eine eigene Ferienimmobilie vermitteln, die wir jetzt auch bewirtschaften", freut sich Claudia Keilig, die auch als Maklerin in der Region tätig ist.

Und dass eine erfolgreiche Unternehmerin auch ein großes Herz hat, beweist die Tatsache, dass sie mit ihrem Kinderhilfsprojekt „Meerlachen" jedes Jahr einer Gruppe von Heimkindern einen unvergesslichen Ferienaufenthalt auf dem Fischland-Darß-Zingst ermöglicht.

FERIENAGENTUR MEERFISCHLAND
Claudia Keilig
Dorfstraße 1a
18347 Ostseebad Ahrenshoop
Telefon 03 82 20 / 66 67 88
info@meerfischland.de
www.meerfischland.de

STILVOLLER RAHMEN FÜR FLANEURE

Das Café Pieni offeriert kleine Gaumenkitzel für zwischendurch

Wer durch das Künstlerdorf Ahrenshoop spaziert, kann das schmucke Café im Ortszentrum kaum verfehlen: Das Interieur mit seinen auffallenden roten und blauen Sofas und Stühlen im Retrodesign, seinen originellen Lampen und dem goldverzierten Spiegel bietet den stilvollen Rahmen für alle Flaneure, Naschkatzen und Strandläufer, die sich nach den touristischen und kulturellen Entdeckungen zu kulinarischen Genüssen verabreden.

Der kleine Gaumenkitzel kann ein Pflaumencrumble, ein Wildkräutersalat mit gegrilltem Ziegenkäse oder ein herzhafter Matjes mit Apfel-Zwiebelsauce sein. Vom Frühstück à la carte über einen knackigen Mittagssalat bis zu hausgemachtem Kuchen am Nachmittag und einem herzhaften Flammkuchen mit den passenden Weinen am Abend umsorgt das aufmerksame Team seine Gäste im kleinen, aber feinen Café-Bistro. „Denn Pieni kommt aus dem Finnischen und bedeutet das Kleine", verrät uns Inhaberin Claudia Keilig.

Wer lieber die Sonne in einer der sonnenreichsten Gegenden Deutschlands genießen und dabei die selbstgebackene „Meereswelle" von Omi Friedel schlemmen möchte, kann auf der lauschigen Terrasse wunderbar entspannen. Und dabei von den heimischen Mitarbeitern noch den einen oder anderen Geheimtipp in Erfahrung bringen.

Das Café Pieni eignet sich hervorragend für kleine Familienfeierlichkeiten bis zu 25 Personen, die dann mit feinen Suppen, kleinen Kanapees und weiteren Leckereien versorgt werden. Auf Vorbestellung wird auch das Catering für kleine Gruppen organisiert. Oder wie wäre es mit einem Überraschungs-Picknickkorb für einen romantischen Abend am Meer? Alles kein Problem für das Team im Café Pieni.

CAFÉ PIENI
Claudia Keilig
Dorfstraße 1a
18347 Ostseebad Ahrenshoop
Telefon 03 82 20 / 66 11 78
info@cafe-pieni.de
www.cafe-pieni-ahrenshoop.de

KLEINOD AUF DEM DARSS

Der Charlottenhof punktet mit persönlicher Note und viel Liebe zum Detail

Nur wenige Gehminuten vom breiten Ostseestrand liegt in Ahrenshoop eines der Kleinode der Hotellerie auf dem Darß. Das feine Hotel garni Charlottenhof mit einer 150-jährigen Tradition ist längst kein Geheimtipp mehr, wenn es um stilvolles Übernachten geht. 10 Doppelzimmer und zwei Suiten sind mit viel Liebe zum Detail eingerichtet und verströmen den Charme eines klassisch-skandinavischen Einrichtungsstils. Schöne Stoffe setzen Farbakzente, das Mobiliar ist mit Sorgfalt und Geschmack ausgesucht. So hat jedes Zimmer seine persönliche Note. Da das edle kleine Hotel in der bekannten Künstlerkolonie Ahrenshoop steht, sind Kunst und Kultur im Haus keine Fremdwörter. Bilder und Skulpturen zieren den öffentlichen Bereich des Hotels.

Gastgeberin ist Heike Gebhard mit ihrem Team aus zehn engagierten Mitarbeitern, die den besonderen Erholungswert für ihre Gäste, von denen viele Wiederholer sind, so beschreibt: „Bei uns vergessen Sie sehr schnell die Hektik des Alltags und können Ihre Batterien wieder aufladen.“ Mit anderen Worten: Wer hier wohnt, macht Genießer-Urlaub vom Feinsten. Dazu gehört sicherlich auch das reichhaltige Frühstück, das jeden Morgen am Tisch serviert wird, sowie der hausgemachte Kuchen, den man sich nachmittags im Café oder bei schönem Wetter auf der Terrasse schmecken lässt.

Abends zaubert der Küchenchef ausgesuchte Leckereien der regionalen und leichten Küche im Café-Restaurant. Das Wohlbefinden wird auch auf andere Weise gesteigert: In der kühleren Jahreszeit lockt die wärmende Sauna, bei schönem Wetter schmökern die Gäste in gemütlichen Deckchairs im Garten.

DER CHARLOTTENHOF
Heike Gebhard
Grenzweg 3
18347 Ahrenshoop
Telefon 03 82 20 / 3 02
info@charlottenhof-ahrenshoop.de
www.charlottenhof-ahrenshoop.de

GASTRONOMIE UND KUNST IM KAPITÄNSHAUS

Im Café Tonart locken kleine Speisen und Keramikarbeiten

Mitten im Ortskern des alten Boddendörfchens Born steht das blaue Kapitänshaus, das einem Astrid-Lindgren-Buch entsprungen sein könnte. Hier gehen Gastronomie und Kunstgewerbe Hand in Hand. Gastgeberin Anka Köhlmann und ihre drei Kolleginnen Daggi, Katrin und Sigi bewirten Besucher von nah und fern bereits am Morgen mit einer schönen Frühstücksauswahl. Mittags folgen herzhafte Kleinigkeiten, zur Kaffeezeit fünf oder sechs leckere hausgemachte Kuchen im täglichen Wechsel. Die Renner auf der Kuchentafel sind die Erdbeertorte und der Sägespänekuchen, der aus Schokolade, Kirschen, Vanille und Kokos gebacken wird.

Abends werden Suppen, Salate, Tapas wie auch weitere Snacks und Kleinigkeiten serviert. Dazu kredenzt das Team um Anka Köhlmann frisch gezapftes Guinness vom Fass, das es auf dem Darß nur hier gibt. Wer ein Glas Wein vorzieht, hat die Auswahl aus einigen guten Tropfen.

Seit 2006 hat Anka ihre gastfreundliche Tür geöffnet. Im Sommer sind vor allem die 40 Terrassenplätze heiß begehrt, in der kühleren Jahreszeit eher die beiden Stuben des Mittelflurhauses. Drinnen werden Keramikarbeiten verkauft. Diese stammen von den Hausbesitzern, die das Café damals in Verbindung mit einem Keramikatelier gegründet hatten. Noch heute beliefern sie das Café mit ihren ausgesuchten Stücken.

Der Hingucker im Haus ist zweifelsohne der große Gipskopf im linken Gastraum. Er stammt vom Berliner Künstler Achim Kühn und symbolisiert die „Tugend". Das Original findet man in der Hauptstadt am Potsdamer Platz.

In der ruhigeren Jahreszeit, wenn die Touristen weniger werden, ist das Café ein beliebter Treffpunkt der Einheimischen. „Das zeigt, dass wir hier im Ort fest verankert sind", freut sich Anka Köhlmann.

CAFÉ TONART
Anka Köhlmann
Chausseestraße 58
18375 Born
Telefon 03 82 34 / 5 59 57
info@cafe-tonart.de
www.cafe-tonart.de

Chai Latte
Vanille
Ingwer-
Lemongras
Kokos-
Mandel

Morgensonne in der Nähe von Marlow.

DAS ÖKO-GUT MIT DEM ERLEBNIS-TOUCH

Wo Biolandwirtschaft und Freizeit-Aktivitäten eine gelungene Verbindung eingehen

Schon von weitem leuchten die grünen Stallungen von Gut Darß, die am Rande des Boddendorfes Born zwischen Wäldern und saftigen Wiesen in unmittelbarer Nähe zur Ostsee liegen. Gerade lauscht eine Besuchergruppe aufmerksam den Erklärungen eines Mitarbeiters, der das Gut in all seinen spannenden Facetten auf einem Hofrundgang präsentiert, während zwei Familien voller Erwartungen den Kletterwald betreten, nachdem sie zuvor eine Runde Adventure Golf gespielt hatten.

„Das ist die Vielfältigkeit unseres Gutes", sagt Geschäftsführer Marc Fiege und beschreibt die drei tragenden Säulen, auf denen das einmalige Konzept beruht: Landwirtschaft, Erlebnis sowie Einkaufen & Gastronomie. Zu DDR-Zeiten ein volkseigenes Gut mit traditioneller Landwirtschaft, hat Gut Darß unter neuer Führung in den vergangenen zwei Jahrzehnten eine rasante Entwicklung genommen.

Kernaufgabe ist die ökologische Landwirtschaft mit der Produktion und Vermarktung von hochwertigem Bio-Rindfleisch. Knapp 5000 Rinder, vornehmlich rotbraunes Fleckvieh, liefern die Grundlage dafür. Die Bio-Produktpalette ist im Laufe der Jahre kontinuierlich erweitert worden durch die Zucht von fast 3000 Schafen, Burenziegen und asiatischen Wasserbüffeln.

Die Hälfte der landwirtschaftlich genutzten Flächen liegt im weitgehend unberührten Nationalpark Vorpommersche Boddenlandschaft. „Unsere Tiere weiden hier während der Sommermonate und tragen so aktiv zur Landschaftspflege bei", so Marc Fiege.

Auch die Pferdezucht genießt auf Gut Darß seit vielen Jahren einen hohen Stellenwert. Die Bio-Ernährung der edlen Tiere und das maritime Reizklima sorgen für hervorragende Zuchtergebnisse.

Wer Tiere und Technik (die gibt es in Form eines beeindruckenden landwirtschaftlichen Fuhrparks) ausgiebig erkundet hat, hat vielleicht Lust auf ein bisschen Spaß und Abenteuer. Dabei hat der Besucher die Wahl: zum Beispiel Adventure Golf, die naturnahe Variante des klassischen Minigolfs. Statt auf lang-

weiligen und lieblosen Betonbahnen spielt man hier auf 18 vielseitig modellierten Kunstrasenbahnen mit natürlichen Hindernissen und anspruchsvollen Geländeverformungen.

Wem der Sinn eher nach rasanten Seilfahrten und wackeligen Hängebrücken steht, ist im Parcours des Kletterwaldes mit seinen 70 Aufgaben unterschiedlichster Schwierigkeitsgrade bestens aufgehoben. Zwar ist für Nervenkitzel reichlich gesorgt, jedoch immer im Rahmen des neuesten Sicherheitssystems und einer Einführung durch die technisch ausgezeichnet geschulten Mitarbeiter.

Die Allerkleinsten zieht es auf den Kinderspielplatz und in den Streichelzoo, wo die Ziegen „Jule" und „Mäxchen" zusammen mit wolligen Schafen auf ihre täglichen Streicheleinheiten warten.

All die Aktivitäten auf dem Erlebnis-Gut machen irgendwann hungrig und durstig. Für das leibliche Wohl sorgen das Hofcafé und der Hofladen. Herzhafte Snacks aus der eigenen Bioproduktion, die man bei gutem Wetter auch auf der sonnigen Außenterrasse genießen kann, oder Kaffee und hausgemachter Kuchen sind beliebte gastronomische Schmankerl.

Im Hofladen nebenan wird erzeugerfrisches Rind-, Kalbs-, Lamm- und Ziegenfleisch aus der eigenen ökologischen Tierhaltung offeriert. Ergänzt wird das Angebot von Wildfleisch, Wurstspezialitäten, Käse und Feinkost.

Gut Darß bietet abwechslungsreiche und spannende Einblicke in das Leben und Arbeiten auf einem landwirtschaftlichen Hof. Dabei liegt Marc Fiege und seinen Mitarbeitern eines besonders am Herzen: die Transparenz. „Wir freuen uns, wenn die Besucher uns über die Schulter schauen und einen Blick hinter die Kulissen werfen."

GUT DARSS
Geschäftsführer Marc Fiege
Am Wald 26
18375 Born
Telefon 03 82 34 / 50 60
info@gut-darss.de
www.gut-darss.de

Wasserbüffel
Salami
Landschaftspflegebetrieb im Nationalpark
Gut Darß
Boddenlandschaft
Wasserbüffel
Salami
Wasserbüffel
Salami

ländlich fein

PERFEKTES AMBIENTE FÜR RUHE UND ENTSPANNUNG

Das Hotel Haferland punktet mit einem grandiosen Naturgarten und ungewöhnlichen Frühstückszeiten

Wir schaffen den Rahmen, damit unsere Gäste ihre Ruhe finden", sagt Bernd Evers, und was er damit meint, kann man bereits am Morgen erleben. Während in anderen Hotels um zehn das Frühstück laut klappernd abgeräumt wird, startet so mancher Gast im Reetdach-gedeckten Hotel Haferland just um diese Zeit seine wichtigste Mahlzeit des Tages am reichhaltigen Bio-Frühstücksbuffet. Bis um 13 Uhr ist das möglich – „für manche Gäste der Himmel auf Erden", wie Bernd Evers schmunzelnd bemerkt.

Die Entspannung und Entschleunigung setzt sich fort, wenn man den 28 000 Quadratmeter großen Naturgarten betritt. Man blickt auf die malerische Boddenlandschaft, den kleinen verträumten Seglerhafen von Wieck, man ist umgeben von Blumen, Bäumen, Kräutern. Himmlisch.

Nachmittags darf ein Besuch in der Gesundheitsscheune nicht fehlen: Hier können die Gäste ihre Batterien wieder aufladen und Körper und Geist eine kleine Auszeit gönnen. Das Wellness-, Gesundheits- und Kosmetikangebot reicht vom Schwimmen über einen Saunabesuch bis zu Massagebehandlungen und Yoga. Wer einem leckeren hausgemachten Kuchen den Vorzug gibt, ist herzlich auf die sonnige Terrasse eingeladen, wo die unermüdlichen Hotelmitarbeiter einem fast jeden Wunsch von den Augen ablesen.

Am Abend klingt der entspannte Tag in der „Guten Stube" aus. Das Biorestaurant tischt feine regionale Küche auf, die unter dem Gütesiegel „ländlich fein" zertifiziert ist.

Wenn man sich danach ins freundliche Zimmer oder Apartment mit den Echtholzmöbeln und all den Annehmlichkeiten eines komfortablen Hotels begibt, freut man sich bereits auf den nächsten Morgen, weil man sicher weiß: Der kommende Tag wird wieder so entspannt und entschleunigt wie der heutige.

HOTEL HAFERLAND
Familie Evers
Bauernreihe 5a
18375 Wieck a. Darß
Telefon 03 82 33 / 6 80
info@hotelhaferland.de
www.hotelhaferland.de

UNTER HOHEN BÄUMEN DIE SEELE BAUMELN LASSEN

Im „Café und Kultur" kann man schön essen und schöne Kunst bestaunen

Es gibt kaum einen schöneren Ort, als im sonnigen Garten von „Café und Kultur" zu entspannen und die Seele baumeln zu lassen, während man auf seine Mohn-Erdbeer-Torte und seinen frisch gebrühten Kaffee wartet. Unter dem Dach des reetgedeckten Hauses, nur einen Steinwurf von der Ostsee entfernt, sind ein Kultur-Veranstaltungszentrum, eine Bibliothek und das Café von Nancy Fleischmann und Ute Marucha untergebracht. Drinnen ist Platz für 38 Gäste, draußen unter den hohen Bäumen etwa noch einmal so viel. Seit April 2012 offerieren die beiden jungen Frauen hausgemachte Kuchen, Torten, Suppen, frische Salate und kleine Vorspeisen auf der Speisekarte.

„Für unsere Küchenkreationen verwenden wir saisonale und regionale Produkte, vieles aus dem heimischen Garten", erklärt Nancy Fleischmann die Philosophie des gastronomischen Konzepts. Die kleine Küche dient denn auch als Ort des Ausprobierens und Experimentierens. „Nichts ist spannender, als etwas Neues zu kreieren, es auf die Karte zu setzen und die Begeisterung unserer Gäste zu erleben", ergänzt Ute Marucha.

Neben den leiblichen Genüssen kommt auch der Kunst- und Kulturgenuss im Café nicht zu kurz: Über das Jahr verteilt, stellen verschiedene Künstler ihre Werke aus, die die Gäste kaufen können. Die Gäste, das ist eine Melange aus Einheimischen, Touristen und Tagesausflüglern, die das lauschige Ostseebad Prerow besuchen.

Und auch der Nachwuchs fühlt sich im Café von Nancy und Ute wohl: Drinnen gibt es eine Spielecke und draußen einen Spielplatz.

CAFÉ UND KULTUR
Nancy Fleischmann & Ute Marucha
Waldstraße 42
18375 Ostseebad Prerow
Telefon 03 82 33 / 67 99 73
info@cafeundkultur.de
www.cafeundkultur.de

Hausgemachter Kuchen
Kirschbutter-
milchkuchen mit
Walnüssen
Blaubeer-
Käseblechkuchen
Apfel-Cranberrie
Kuchen
Schokoladenkuchen
mit Himbeeren und
Vanillecreme
Eierlikörkäse-
kuchen mit
Schokoboden
Waffeln mit haus-
gemachtem Pflaumen-
mus und Walnusseis

GENUSSVOLLE RUHE UND ENTSPANNUNG

Die „Lila Villa" steht für maritimen Landhausstil

Das zweigiebelige Haus ist bereits von weitem nicht zu übersehen und lässt die Sinne sofort in den Urlaubsmodus umschalten: Die lila Fassade mit den weißen Sprossenfenstern und dem schmucken Reetdach liegt schön im Ortskern des Ostseeheilbades Zingst. Nur wenige Gehminuten braucht man zum feinsandigen, breiten Strand und dem kleinen Hafen. „Wer genussvolle Ruhe und Entspannung sucht, ist hier also bestens aufgehoben", sagt Uwe Rewel, der die drei Kleinode vor Ort umsichtig und engagiert betreut.

Das voll ausgestattete 5-Sterne-Haus besticht durch seine Geräumigkeit und luxuriös-geschmackvolle Einrichtung im maritimen Landhausstil. Auf etwa 150 Quadratmetern Wohnfläche können es sich bis zu acht Personen gemütlich machen unter den rustikalen Deckenbalken, auf dem Sofa vor dem Kamin oder am alten Teak-Esstisch in der Küche. Und in der kalten Jahreszeit wundert es nicht, wenn für manchen Gast die Sauna zum Treffpunkt wird.

Das Ensemble der Ferienwohnungen ergänzen im Nebengebäude das Ferienhäuschen Magnolie sowie das kleine Apartment Anemone. Die Magnolie verfügt über Raum für bis zu vier Personen und bietet auf 45 Quadratmetern ein komfortables und zeitloses Ambiente mit gut ausgestatteter Landhausküche und Bad.

Klein, aber fein präsentiert sich schließlich die Anemone für die kleine Auszeit am Meer. Das Interieur kombiniert stimmungsvoll Altes und Neues mit einem Hauch Romantik auf rund 30 Quadratmetern.

Das ausliegende Gästebuch, es erzählt von schönen und genussvollen Urlaubstagen. Und gibt es denn ein schöneres Lob, als den Satz: „So, wie dieses Haus eingerichtet ist, würde ich auch gerne wohnen"?

LILA VILLA
Dr. Olaf Kannt
Bahnhofstraße 3
18374 Ostseeheilbad Zingst
Telefon 03 82 32 / 8 43 40
info@ferienhus-zingst.de
www.ferienhus-zingst.de

WO PREMIUM-MODE ERFOLGREICH ANGEDOCKT HAT

Der mode.hafen verbindet hohe Produktqualität mit kompetenter Beratung und speziellen Service-Angeboten

Dass Einkaufen zum Erlebnis wird, dafür ist der mode.hafen in Zingst ein perfektes Beispiel. Freundlich, hell und klar strukturiert, präsentiert sich das Modefachgeschäft für den Premiumbereich von seiner besten Seite. „Unsere Kunden sollen sich von Beginn an wohlfühlen", betont Ines Schuhmann, die 2008 in die Fußstapfen ihrer Mutter getreten ist. Diese hatte das Geschäft ursprünglich 1990 in Barth gegründet.

Frauen und Männer finden nun hochwertige Mode von Hugo Boss über Luisa Cerano bis zum Trendlabel Beate Heymann aus Warnemünde und vieles mehr. Daneben Accessoires wie Hüte, Schuhe, Schals, Gürtel, Modeschmuck und Handtaschen, z. B. aus der Nürnberger Manufaktur von Bernd Michael Ostwald.

Ines Schuhmann und ihr vierköpfiges Team punkten bei ihren zahlreichen Stammkunden von nah und fern nicht nur mit hoher Produktqualität, sondern auch mit ehrlicher und kompetenter Beratung sowie speziellen Service-Angeboten. Dazu gehört die fachkundige Änderungsschneiderei ebenso wie die persönliche und ungestörte Beratung auch außerhalb der normalen Öffnungszeiten und das individuell geschnürte Auswahlpaket.

„Viele unserer Kundinnen sind beruflich stark engagiert und haben wenig Zeit fürs Shoppen. Wir beraten sie telefonisch, stellen ein Auswahlpaket zusammen und schicken es ihnen bequem und versandkostenfrei nach Hause, erklärt die Inhaberin die praktische Alternative zum Laden-Shopping.

Doch hinter all den hochwertigen Produkten und dem perfekten Kundenservice steht immer der Mensch. „Erfolgreich kann man nur mit einem tollen Team hochmotivierter und langjähriger Mitarbeiter sein und mit meinem Mann Werner, der das alles mitträgt", lautet das ehrliche Credo von Ines Schuhmann.

MODE.HAFEN
Ines Schuhmann
Hafenstraße 35
18374 Ostseeheilbad Zingst
Telefon 03 82 32 / 8 49 88
info@modehafen.de
www.modehafen.de

BARTH

EINE DER MODERNSTEN KLEINWERFTEN IN DEUTSCHLAND

Im Angebot: Eine umfassende Palette von Schiffsreparaturen

Wenn man sich die modernen Hallen und Gebäude der Barther Schiffswerft heute anschaut, kann man kaum glauben, dass das Traditionsunternehmen fast 150 Jahre „auf dem Buckel hat". 1867 gegründet, liefen bis in die 30er Jahre des 20. Jahrhunderts mehr als 65 Segelschiffe vom Stapel. Zu DDR-Zeiten wurde ab 1956 im volkseigenen Betrieb mit dem Stahlbau begonnen, als Schlepper, Küstenboote, Kontrollboote und mehr gebaut wurden. Seit den 70er Jahren wurden fast nur noch Reparaturarbeiten ausgeführt.

Nach der Wende erhielt die Werft ihren heutigen Namen, wurde wieder privatisiert und entwickelte sich nach hohen Investitionen zu einer der modernsten Kleinwerften in Deutschland. „Unser Leistungspaket ist umfassend", sagt Geschäftsführer Sebastian Kunsch, der seit der Ausbildungszeit seiner Werft treu geblieben ist.

Mit modernstem Maschinen- und Anlagenpark (darunter einem modernen Hublift, der Schiffe bis 180 Tonnen an Land bugsiert) bieten 40 technisch versierte Mitarbeiter vom Umbau über die Modernisierung bis zu Entrostung, Schweißarbeiten, neuen Motoreneinbauten und Propellern die ganze Palette von Schiffsreparaturen an. Dabei genießen die qualitätsgerechte Vorbereitung und Ausführung der Arbeiten, die termingerechte Fertigstellung und auch der Umweltschutz allerhöchste Priorität.

Zu den Kunden der innovativen Werft zählen Zoll, Bundespolizei, Marine, private Reedereien sowie Wasser- und Schifffahrtsämter, um nur einige zu nennen. Zuverlässiger Partner ist dabei die benachbarte Barth Yachtservice GmbH, die einen Vollservice für Sportboote und Yachten anbietet.

SCHIFFSWERFT BARTH
Sebastian Kunsch
Werftstraße 2c
18356 Barth
Telefon 03 82 31 / 68 40
info@barther-schiffswerft.de
www.barther-schiffswerft.de

Ein lichter Wald in der Nähe von Prerow auf dem Darß.

MASSGESCHNEIDERTE BRILLEN MIT PERFEKTEM SITZ

Augenoptik Weinhardt verkauft handgefertigte Unikate eines Londoner Designers

Ich bin mit Leib und Seele Augenoptiker. Dieser Beruf verbindet Handwerk, Design und medizinische Aspekte und ist äußerst vielseitig und abwechslungsreich", sagt Patrick Weinhardt, der die Familientradition fortsetzt und das Geschäft führt, das sein Vater in Barth vor beinahe 50 Jahren gegründet hat. Auch der Großvater hatte bereits ein Augenoptik-Geschäft in Stralsund.

Seit 2001 heißt die Filiale im aufstrebenden Ferienort Zingst Einheimische und Touristen willkommen. Kunden können aus 800 Brillengestellen und 600 Sonnenbrillen die passende Brille wählen. Und wer bei dieser großen Auswahl immer noch nicht fündig geworden ist und keine Kompromisse eingehen möchte, für den haben Patrick Weinhardt und sein Team etwas ganz Besonderes im Angebot: maßgeschneiderte Brillen des Londoner Designers Tom Davies.

„Wir messen die Gesichtsgeometrie des Kunden und fotografieren ihn. Dank der Maßanfertigung bekommt er seine Traumbrille mit dem perfekten Sitz", sagt Patrick Weinhardt. Beim Material kann man zwischen Büffelhorn, Titan und Acetat wählen. Die Brille ist ein handgefertigtes Unikat.

Hinter dem Verkaufsraum liegt die professionelle Werkstatt, die mit den modernsten Geräten ausgestattet ist. Hier werden alle Brillen selbst geschliffen und auch alle handwerklichen Arbeiten erbracht, die von einem hervorragenden und kundenorientierten Optiker erwartet werden.

2010 und 2014 erneut wurde dem Geschäft in Zingst die besondere Auszeichnung „TOP 100 Optiker" verliehen – für besondere Leistungen auf den Gebieten der Kunden-Orientierung, Service-Bereitschaft sowie der persönlichen Ansprache und Hinwendung.

AUGENOPTIK WEINHARDT
Patrick Weinhardt
Hafenstraße 23
18374 Ostseebad Zingst
Telefon 03 82 32 / 1 60 80
info@augenoptik-weinhardt.de
www.augenoptik-weinhardt.de

Augenoptik Weinhardt

WO KUNST UND GASTRONOMIE HAND IN HAND GEHEN

Regionale Künstler präsentieren ihre Werke in einem malerischen Fachwerkhaus

Wenn man das Café in der Altstadt von Barth direkt am Markt betritt, weiß man nicht, wo das Café beginnt und die Galerie aufhört. „Bei uns gehen Kunst und Gastronomie Hand in Hand“, sagt Mandy Opitz, die seit 2011 in dem malerischen Fachwerkhaus, das 2006 aufwändig restauriert wurde, Gäste von nah und fern gerne willkommen heißt. Mit ihrem Team aus vier Mitarbeiterinnen bietet sie vom Frühstück über kleine Snacks – etwa frische Suppen, Quiches und Crêpes – bis zur üppigen Kaffeetafel am Nachmittag eine große Auswahl an hausgemachten Köstlichkeiten.

Strahlendes Weiß und die warmen Holztöne der alten Deckenbalken sind die dominierenden Farben im Café, das aus zwei hübschen Räumen und einer Gartenterrasse im Innenhof besteht. Im Sommer können Gäste auch draußen vor dem Café mit dem schönen Blick auf den Marktplatz ihre Mohn-Erdbeer-Torte oder ihren Cheese-Cake in der Sonne genießen.

An den Wänden und in den Nischen des Cafés ist viel Raum für Malerei und Grafik, für Keramik, Glasschmuck und mehr. „Da wir zeitgleich jeweils mehrere regionale Künstler ausstellen, ist die Bandbreite von Kunst und Kunsthandwerk für unsere Besucher groß“, erklärt Mandy Opitz und verweist darauf, dass die hochwertigen Unikate käuflich erworben werden können.

Die Gäste, das ist ein interessanter Mix aus Einheimischen und Touristen, die vor allem im Sommer der Ostseestadt Barth einen Besuch abstatten. Das Café kann auch für Veranstaltungen und Familienfeierlichkeiten ganz oder teilweise gemietet werden. Die himmlischen Torten und Kuchen werden auch außer Haus verkauft. Und selbst die Vierbeiner sind nach dem Cafébesuch zufrieden, bekommen sie doch hausgemachte Hundekekse.

GALERIE CAFÉ BARTH
Mandy Opitz
Klosterstraße 1
18356 Barth
Telefon 03 82 31 / 7 73 03
info@galerie-cafe-barth.com
www.galerie-cafe-barth.com

NACHTS IM (KRANICH-)MUSEUM

Gutshof Hessenburg als künstlerisches Gesamtensemble mit Museum, Hotel & Café

Ja, das machen sie alle," Bettina Klein lacht: „Und am nächsten Morgen geben sie es dann zu!" Dabei muss hier niemand etwas zugeben: Es ist durchaus gewünscht, dass die Hotelgäste auch nachts das Kranich Museum erkunden, um sich intensiv mit den Werken über den Kranich und das Haus auseinanderzusetzen. Selbstredend ist die Besichtigung auch tagsüber möglich.

Im Sommer 2015 wurde das Museum um ein kleines Hotel zu einer einzigartigen künstlerischen Symbiose erweitert. Die sechs Zimmer verströmen mit den unverputzten Backsteinwänden, gusseisernen Öfen und antiken Badewannen ein luxuriöses Gutshofgefühl. Verantwortlich für diese außergewöhnliche Einrichtung der Architekt und Installationskünstler Alex Schweder, New York. Er und weitere zeitgenössische Künstler, darunter Nicole Schuck sowie Emma Howes, Noako Tanak oder David Prytz, haben darüber hinaus speziell für das Kranichmuseum Kunstwerke erschaffen: Videoprojektionen, Skulpturen, Gedichte, Gemälde und Bodenzeichnungen fangen eindrucksvoll den Zauber des Hauses ein. Der Fokus auf dem Thema Kranich liegt auch darin begründet, dass Bettina Klein über 20 Jahre in Japan lebte, wo der „Vogel des Glücks" einen großen symbolischen Wert besitzt. Selbst sensibilisiert, wollte sie ein tieferes Bewusstsein für den hier beheimateten Kranich wecken.

Auch in der ehemaligen Dorfschmiede lebt seit 2016 mit dem Kranich-Café das Kunstprojekt mit aufgehängten „Skizzen, Nebengedanken und Seitensprüngen der Kreativen", so die Kunsthistorikerin, die bereits 1998 den Gutshof Hessenburg ersteigerte. Leichtgläubig, wie sie heute gesteht: Der schöne Schein trog – der Zustand des Hauses war katastrophal. In vielen Jahren mühevoller Arbeit sanierte Klein das Anwesen. Das Ergebnis lässt sich sehen – auch zu nächtlicher Stunde.

GUTSHOF HESSENBURG
KRANICH MUSEUM & HOTEL
Dr. Bettina Klein
Dorfplatz 5
18317 Hessenburg/Saal
Telefon 03 82 23 / 66 99 00
dr.klein@hessenburg.net
www.kranichhotel.de

BESONDERE MUSIK AN BESONDEREN ORTEN

Die Konzertreihe „Naturklänge" hat sich zum Publikumsmagnet entwickelt

Musik und Natur stehen seit Jahrhunderten in einer engen Beziehung zueinander. Die Klänge der Natur inspirierten zahlreiche Musiker und andere Künstler. Seit 2002 veranstaltet der Tourismusverband Fischland-Darß-Zingst die Konzertreihe Naturklänge, die sich im Laufe der Jahre zum Publikumsmagnet entwickelt hat und genau diese Zusammenhänge an landschaftlich reizvollen Plätzen erlebbar machen möchte.

Das Motto lautet „besondere Musik an besonderen Orten" und eröffnet den Besuchern die Möglichkeit, nicht nur bislang unbekannte Musiker, sondern auch neue Orte rund um den Nationalpark „Vorpommersche Boddenlandschaft" zu entdecken.

In jedem Jahr wird ein abwechslungsreiches und genreübergreifendes Programm zusammengestellt. Die Bandbreite reicht dabei von Klassik über Jazz bis Pop. Viele Veranstaltungen haben mittlerweile Kultstatus erreicht und sind zu richtigen Events gereift. „Sie sind aber auch zum Symbol für sanften Tourismus geworden", betont Sandra Frese vom Tourismusverband Fischland-Darß-Zingst. So sollten Besucher auch einmal eine etwas härtere Sitzgelegenheit in Kauf nehmen das Mückenspray oder den Regenschirm einpacken.

Der Charme der besonderen Veranstaltungsorte belohnt die Besucher mit unvergesslichen Erlebnissen für alle Sinne. Ob am „Hohen Ufer" zwischen Ahrenshoop und Wustrow, im barocken Pfarrgarten von Starckow, bei „Swimming Piano" am Schloss Schlemmin oder vor der alten Mühle im Freilichtmuseum Klockenhagen – die zahlreichen Besucher erleben Menschen und ihre Musik als harmonischen Natur-Bestandteil. Denn „die Welt ist Klang".

TOURISMUSVERBAND FISCHLAND-DARSS-ZINGST E.V.
Barther Straße 16
18314 Löbnitz
Telefon 03 83 24 / 64 00
info@tv-fdz.de
www.fischland-darss-zingst.de

UNGEWÖHNLICHE BACKMISCHUNG

Die „Alte Dampfbäckerei" ist Museum und Kreativschmiede zugleich

Die Alte Dampfbäckerei mit einem Begriff zu charakterisieren, ist schier unmöglich. Sie ist eine Art Wundertüte, die jedes Mal einen anderen Inhalt hervorzaubert. Ursprünglich tatsächlich eine Backstube, vereint sie heute unter ihrem denkmalgeschützten Dach eine ganze Palette von Aktivitäten, denen eins gemeinsam ist: Sie entstammen den kreativen Ideen von Kirsten Hänsch.

In der ehemaligen Backstube hat sie in akribischer Fleißarbeit nostalgische Gegenstände und historische Back-Utensilien zusammengetragen. Da hängen etwa Pfannen, Backformen, Nudelhölzer und ein hölzerner meterlanger Brotschieber an den Wänden. Und mittendrin ein Museums-Café, in dem Kaffee und hausgemachter Kuchen serviert werden. Daneben zeugen weitere historische Räume von der einst florierenden Alten Dampfbäckerei, die bis in die 90er Jahre in Betrieb war und durch die Kirsten Hänsch kenntnis- und detailreich regelmäßig Besuchergruppen führt.

Seit 2009 werkelt die Kreativ-Frau unermüdlich an ihrem Gesamtkunstwerk, zu dem noch weitere Räume im Gebäude wie die ehemalige Konditorei mit ihrer Anschlagmaschine und dem Dampfbackofen und vorne zur Straße hin „De Olle Laden" gehören. In einem kleinen romantischen Garten-Café mit Teich kann man im Sommer die Seele baumeln lassen.

Die Räumlichkeiten bieten übers Jahr die Kulisse für allerlei Events und Aktivitäten: Das „Malen in der Backstube" für Erwachsene wird durch den Kurs „Draw and learn English" für Kinder ergänzt, wo die Kleinen ab vier Jahren spielerisch und leicht die englische Sprache erlernen.

Im Hof finden regelmäßig Floh- und Kreativmärkte statt. Wer länger verweilen möchte, kann zwischen dem Radfahrer-Zimmer und den beiden Ferienwohnungen wählen.

ALTE DAMPFBÄCKEREI
Kirsten Hänsch
Barther Straße 50
18311 Ribnitz-Damgarten
Telefon 0 38 21 / 70 93 40
khaensch@t-online.de
www.alte-dampfbaeckerei.de

LIEBE & LEIDENSCHAFT ZUM PFERD

Professionelles Management für Pferd und Reiter

Angefangen haben sie zunächst mit Ackerbau, erinnern sich Anne und Ansgar Kurp, als sie 2000 den Landwirtschaftsbetrieb in Kloster Wulfshagen erwarben. Nach und nach begannen die Pferdewirtschaftsmeisterin und der diplomierte Land- und Forstwirt dann mit dem Ausbau des Gestüts. Erfolgreich: Heute gehört es zu den größten deutschen Aufzuchtbetrieben und zu einem der ersten mit ganzjähriger Jungpferdeaufzucht. Das Gut Kloster Wulfshagen mit Gestüt und Ackerbaubetrieb umfasst dabei die eindrucksvolle Flächengröße von 660 Hektar.

Die Bedingungen für eine gesunde Entwicklung der Pferde sind mit dem leicht rauen Meeresklima, weitläufigen Weideflächen und freiem Auslauf dank offener Laufställe optimal. Infolge dieser Robusthaltung zeigen sich die Tiere nicht nur ausgeglichen, sondern durch das Aufwachsen in Gruppen auch gut sozialisiert. Sowohl für den Freizeitbereich als auch für den Turniersport werden sie von Anne Kurp zu ausbalancierten, rittigen Spring- und Dressurpferden ausgebildet. Seit der frühen Kindheit besteht ihre Pferdeleidenschaft, die sie, gepaart mit hartem Training und viel Talent, sogar erfolgreich auf große Turniere brachte, darunter die Landesmeisterschaften. Von der langjährigen Erfahrung der FN-geprüften Trainerin mit A-Lizenz profitieren heute auch pferdebegeisterte Reitanfänger wie Fortgeschrittene beim anspruchsvollen Unterricht auf dem Gestüt.

Züchter und Halter können eigene Pferde zudem zur Betreuung, Ausbildung oder Besamung in die Obhut des Gestüts geben. „Je nach Bedarf sind wir quasi Kita, Schule und Altersheim", so das Ehepaar Kurp. In jedem Lebensalter kümmere man sich gewissenhaft um die Bedürfnisse der Tiere, die natürlich jederzeit besucht werden dürfen. Und vor Ort kann sich dann jeder selbst überzeugen, wie gut es den Pferden auf dem Gestüt Nordvorpommern geht.

GESTÜT NORDVORPOMMERN
Geschäftsführer Anne Katrin & Ansgar Kurp
18337 Kloster Wulfshagen
Telefon 0173/8128481
info@gestuet-mv.de
www.gestuet-mv.de

Das legendäre Segelschulschiff Gorch Fock I ankert heute im Stralsunder Hafen.

Die stolze Hansestadt liegt vor den Toren Rügens

Das futuristische Gebäude des Ozeaneums (links) befindet sich in der Altstadt.

STRALSUND: STOLZE GESCHICHTE UND TOR NACH RÜGEN

Die Hansestadt war einst die mächtigste unter den vorpommerschen Handelsmetropolen

Wie so viele Städte im Ostseeraum verdankt auch Stralsund seine Bedeutung und seinen Reichtum dem einst mächtigen Hansebund. 1234 verlieh ein Fürst namens Wizlaw dem kleinen Küsten-Flecken das Stadtrecht. Der wahre Entwicklungsschub setzte dann ab 1293 ein, als die Stadt Gründungsmitglied der Hanse wurde.

Wer heute die in Architektur gegossene einstige Macht bestaunen möchte, besteigt am besten den 100 Meter hohen Turm der Marienkirche. Von dort oben geht der Blick über die schiefen Dächer der Altstadt, über verwinkelte Gassen mit den ehemaligen Kaufmannshäusern und altehrwürdige Kirchtürme bis hinaus auf die Ostsee und nach Rügen. Seit 2002 gehört die Altstadt zum prestigeträchtigen Club der Weltkulturerbe-Stätten. Eines der Besucher-Highlights ist ohne Frage das Rathaus aus dem 13. Jahrhundert am Alten Markt. Dort befindet sich eine Vielzahl restaurierter baulicher Schmuckstücke wie das Commandantenhus und das Wulflamhaus. Von der einstigen Stadtbefestigung zeugen die noch erhaltenen Stadttore Kniepertor und Kütertor.

Zahlreiche Kirchen und Klöster, die heute manchmal anderen Zwecken dienen, erinnern an den großen Einfluss der Kirche. So ist etwa das berühmte Deutsche Meeresmuseum mit seinem Hauptstandort (es gibt noch drei weitere) im Katharinenkloster untergebracht und zählt mit seinen Aquarien sowie den Informationen zur Fischerei und zum Meeresschutz zu den zehn bestbesuchten Museen Deutschlands.

Stralsund, mit knapp 60 000 Einwohnern die viertgrößte Stadt des Landes, lebt heute stark vom Tourismus, und auch die traditionelle Schifffahrts- und Werftindustrie spielt eine wichtige Rolle. Mit einer kulinarischen Spezialität hat sich Stralsund zumindest in die deutschen Kochbücher eingetragen. Hier kreierte ein Fischhändler im 19. Jahrhundert den sogenannten Bismarckhering.

KOMPETENTE BERATUNG AUF AUGENHÖHE

Die „Hansa-Apotheke" bietet einen umfassenden Service für ihre Kun-

Wir nehmen unsere Kunden ernst", sagt Daniela Müller und drückt mit diesem Satz etwas aus, was sich mit Sicherheit alle Kunden wünschen. „Wir beraten sie so, dass für sie das Optimale dabei herauskommt."

Das bedeutet, Kunden und Patienten auf Augenhöhe zu beraten und erst einmal herauszubekommen, was wirklich benötigt wird – ein bestimmtes Präparat, ein Alternativ-Präparat oder mehrere Präparate. „Wenn das gewünschte Medikament nicht nützt, raten wir ab." Das setzt eine intensive und kompetente Auseinandersetzung mit dem Menschen voraus, der vor einem steht. „Mein Team und ich nehmen uns viel Zeit, ganz gleich, ob es um einen komplexen Medikationsplan oder um eine Beratung zu Fieberthermometern geht", sagt Inhaberin Daniela Müller.

Die Bandbreite der offerierten Serviceleistungen ist groß: Sie reicht von der Arzneimittelbestellung bis zur Aufklärung über Wechselwirkungen und Nebenwirkungen der Medikamente. Neben der pharmazeutischen Beratung steht der umfassende Service, der von einer hervorragenden Apotheke erwartet wird. Dazu zählen das Medikationsmanagement, das Anpassen von Kompressionsstrümpfen und Bandagen, auch beim Patienten zu Hause, die Vorbestellung von Medikamenten, der Verkauf von Pflegehilfsmitteln, die Anfertigung individueller Rezepturen und die Auslieferung der Arzneimittel. Regelmäßige Infoveranstaltungen zu Themen wie Diabetes oder Blutdruckmessung erfreuen sich großer Beliebtheit.

Die Hansa-Apotheke ist als zertifizierter Beauty-Partner der Marken Dr. Hauschka und Vichy auch in Sachen Schönheitsberatung kompetenter Ansprechpartner. Darüber hinaus bieten Frau Müller und ihr Team eine exzellente Beratung, wenn es um empfindliche und allergische Haut geht.

HANSA-APOTHEKE
Daniela Müller
Gustower Weg 3
18439 Stralsund
Telefon 0 38 31 / 27 02 06
info@hansa-apotheke-stralsund.de
www.hansa-apotheke-stralsund.de

MEISTERLICHE SEGEL MACHEN

Jeder Auftrag wird nach individuellen Kundenwünschen gefertigt

In Sichtweite des Wassers sollte eine Segelmacherei angesiedelt sein! Segelmachermeisterin Katrin Schmidt jedenfalls residiert seit 2005 direkt am Querkanal und nur einen Steinwurf von der Stralsunder Altstadt entfernt. Die Werkstatt und der angeschlossene Shop befinden sich unter einem Dach.

Gelernt hat sie das Handwerk in den 90er Jahren während einer dreijährigen Ausbildung bei einem renommierten Segelmacher in Travemünde. Gekrönt wurde der berufliche Werdegang mit dem Meisterabschluss. Seitdem ist die Segelmachermeisterin mit Leidenschaft, Kreativität und viel Power dabei, ihren Weg erfolgreich fortzusetzen.

Sie stattet Yachten mit Segeln aller Art und Motorboote mit Persennings aus. Jeder Auftrag ist eine Einzelanfertigung und wird mit viel Liebe zum Detail und mit noch größerer Akribie nach den individuellen Kundenwünschen gefertigt. Das Aufmaß und eine fachgerechte Beratung vor Ort gehören ebenso zu den Serviceleistungen wie die Auslieferung an Bord sowie ein umfassender und zeitnaher Reparaturservice.

Im Shop finden Besucher Fachliteratur, Seekarten, Schwimmwesten, Bekleidung, Wohnaccessoires und liebevolle maritime Kleinigkeiten für die Yacht oder zu Hause. Ein nettes Gespräch ist übrigens immer dabei. Die Werkstatt ist einsehbar, so dass der Meisterin über die Schulter geschaut werden kann. Hier wird Handwerk noch live praktiziert.

Und so mancher Kunde hat mit Fernweh nach hinten in die offene Werkstatt geblickt, wo die fünf Nähmaschinen rattern und die schönen weißen Segel ausliegen.

SEGELSERVICE KATRIN SCHMIDT
Am Querkanal 1
19438 Stralsund
Telefon 0 38 31 / 28 27 61
info@segelservice-schmidt.de
www.segelservice-schmidt.de

KARLS OPTIK
80%

GRANDIOSE BÜHNE FÜR OPTIMALES SEHEN

Bei Karls Optik findet man viele außergewöhnliche Modelle abseits des Mainstreams

So mancher Kollege würde liebend gerne mit Steffi Karls tauschen. Das besondere Augenoptik-Fachgeschäft befindet sich in der kleinen Passage im historischen Stralsunder Rathaus, dem Wahrzeichen der Hansestadt.

Die Besucher fragen sich oft, wohin sie zuerst schauen sollen: auf die langen, weißen Regale mit der abwechslungsreichen Brillenauswahl, die zum Teil in Manufakturen mit Liebe zum Detail, Innovationswillen und Perfektionismus hergestellt werden, oder auf das Interior Design, das modern-puristisch daherkommt und wunderbar mit dem historischen Gewölbecharakter des Rathauses in Kontrast steht.

„Wir arbeiten gern mit Beratungsterminen, so dass es bei uns nie hektisch zugeht" erklärt sie ihre Art, in aller Ruhe und mit gewolltem Zeitaufwand die optimale, typgerechte Brille herauszufinden. Vielleicht ist es die handgefertigte Holzbrille von ROLF aus Tirol, die zeitlose Titanbrille von LINDBERG aus Dänemark oder der moderne Spirit der unkomplizierten Edelstahlbrillen des Berliner Labels MYKITA.

Mit Hingabe und Einfühlungsvermögen beraten Steffi Karls und ihre Mitarbeiter die Kunden, von denen viele zu Stammkunden geworden sind. Im Sommer, wenn Stralsund zum Ziel zahlreicher Touristen aus aller Welt wird, kommen diese Besucher als interessante Laufkundschaft hinzu.

In der Werkstatt mit den modernsten Geräten werden fast alle Brillen selbst geschliffen und auch alle weiteren augenoptisch-technischen Leistungen erbracht, die von einem hervorragenden Optiker erwartet werden.

Auch Kunst und Kultur finden ihren angestammten Platz bei der Karls Optik. Dann wird das Geschäft zur Bühne für Musiker ganz unterschiedlicher Stilrichtungen.

KARLS OPTIK
Steffi Karls
Alter Markt / Im Rathaus
18439 Stralsund
Telefon 0 38 31 / 29 29 03
post@karls-optik.de
www.karls-optik.de

ALLES, WAS DAS CAMPERHERZ BEGEHRT

Ob Wohnmobil, Wohnwagen, Zubehörshop oder Stellplatz – Camper sind bei „Dahnke" in den besten Händen

Das Caravan-Center Dahnke versprüht den Charme eines echten Familienunternehmens: 21 langjährige und kompetente Mitarbeiter kümmern sich umfassend um die Wünsche der Kunden, die immer an erster Stelle stehen und denen eine schnelle und zugleich sorgfältige Bearbeitung ihrer Anliegen garantiert wird. „Bei uns ist die Beratung Chefsache", erklärt Ulf Dahnke, dessen Vater Helmut das Unternehmen 1991 gemeinsam mit seiner Frau Elke gegründet hat.

Die dynamische Firma fußt auf drei Säulen: dem Verkauf, der Vermietung und dem Service von Freizeitfahrzeugen. Das sind Wohnmobile und Wohnwagen führender Hersteller wie Hobby, Fendt, Carado, Carthago und T@B. Der Begriff „Service" ist dabei weit gefasst. Reparaturen aller Art und Sondereinbauten wie Klimageräte, Hifi-Technik und Photovoltaik gehören neben weiteren Leistungen dazu und werden fachmännisch in der hauseigenen Werkstatt ausgeführt.

Der Zubehörshop auf dem Gelände bietet auf 300 Quadratmetern alles, was das Camper-Herz begehrt: eine große Auswahl an Campingartikeln, von Geschirr und Mobiliar über Fahrzeugersatzteile bis zu elektronischen Bauteilen, Kameras, Gasflaschen und Vorzelten.

Zur Stammklientel bei Dahnke zählen vor allem die sogenannten Best Ager aus der Altersgruppe 50 plus, die großen Wert auf Komfort und zuverlässige Technik legen und im Caravan-Center genau richtig sind.

Nur einen Steinwurf entfernt befindet sich der großzügig angelegte Caravan-Stellplatz für 45 Fahrzeuge in Sichtweite der Rügenbrücke und der historischen Altstadt von Stralsund. Der Platz bietet alle relevanten Service-Einrichtungen und genießt bei Reisenden aus aller Welt einen hervorragenden Ruf.

CARAVAN-CENTER DAHNKE
Anne, Ulf & Helmut Dahnke
Werftstraße 16
18439 Stralsund
Telefon 03831/2038570
info@caravan-center-dahnke.de
www.caravan-center-dahnke.de

carthago

Das bekannte Ostseebad Binz auf Rügen hat einen mehrere Kilometer langen Strand.

Auf der Selliner Seebrücke gibt's ein Restaurant mit Biergarten.

Die Insel Rügen überrascht nicht nur durch ihre Größe, sondern auch durch ihre Vielseitigkeit.

WO CASPAR DAVID FRIEDRICH SEIN BERÜHMTESTES BILD MALTE

Deutschlands größte Insel Rügen besticht durch ihre landschaftliche Vielseitigkeit

Wer von Stralsund über den Damm und die Brücke mit Auto oder Bahn auf Deutschlands größte Insel fährt, dem fehlt zunächst das klassische Inselgefühl. Rügen liegt nur einen Steinwurf vom Festland entfernt – und auch auf der Insel selbst taucht man schnell aufgrund der geografischen Größe in die weite und mitunter hügelige Landschaft ein, ohne das Meer, einen Strand oder eine Steilküste zu Gesicht zu bekommen. Kein Wunder, hat das Eiland doch eine Länge von 52 Kilometern und eine Breite von 41 Kilometern.

Erst wenn man sich etwa den bekannten Seebädern im Osten nähert, stellt sich das zwischenzeitlich verloren gegangene Inselgefühl wieder ein. Der geschäftigste und wohl auch bekannteste Ort auf Rügen ist das Seebad Binz. Wenn der Sommer im August zur Hochform aufläuft, verdoppelt sich die Einwohnerzahl durch Urlauber und Tagesgäste. Das größte Seebad Rügens punktet mit seinem langen feinsandigen Strand und der großartigen Bäderarchitektur, die für viele Fotomotive gut ist. Sie stellt keine in sich geschlossene Stilepoche dar, wie etwa der Barock, sondern nimmt architektonische Anleihen bei Jugendstil und Klassizismus. Auf jeden Fall sind die meist schneeweißen und cremefarbenen Villen schön anzusehen.

Und auch das benachbarte Seebad Sellin hat so einiges zu bieten: Hier steht die mit 394 Metern längste (und schönste) Seebrücke der Insel.

Rügen gehört zu den touristischen Hochburgen Deutschlands: Rund ein Viertel aller Übernachtungsgäste in Mecklenburg-Vorpommern geht auf Rügens Konto. Einer der Besuchermagneten sind die Kreidefelsen, die der berühmte Caspar David Friedrich für die Ewigkeit auf die Leinwand gemalt hat. Sie sind Teil des Nationalparks Jasmund im Nordosten der Insel, der seit 2011 zum UNESCO-Weltnaturerbe zählt. Im Park findet sich auch der Piekberg, mit 161 Metern die höchste Erhebung Rügens.

Die berühmten Kreidefelsen (links oben). Ein Fischer begutachtet seinen Fang (Mitte). Heringe satt: Ob als milder Matjes oder saurer Bismarckhering im Brötchen – der beliebte Fisch kennt viele Zubereitungsarten (rechts).

Unter den Kreidefelsen ist der 118 Meter hohe Königsstuhl der markanteste. Über einen Hochuferweg oder vom Parkplatz des nahen Besucherzentrums kann man die kleine Wanderung zum Felsen machen und wird mit einer großartigen Sicht auf die Ostsee belohnt. Wer den Abstieg zum Strand plant, muss gut zu Fuß sein: Eine Holztreppe mit 412 Stufen führt nach unten. Nur wenige Kilometer entfernt liegt der bekannte Fährhafen Sassnitz. Von hier aus gehen Fähren nach Skandinavien, Russland und ins Baltikum.

An der Nordspitze Rügens liegt ein weiterer touristischer Höhepunkt: Das Kap Arkona auf der Halbinsel Wiek ist eine gut 40 Meter hohe Steilküste aus Kreidefelsen mit zwei Leuchttürmen, den Resten einer slawischen Burg und mehreren Militärbunkern, die heute für Ausstellungen genutzt werden.

Rügen ist groß genug, um ganz unterschiedliche Urlaubsbedürfnisse zu befriedigen: In den Seebädern fühlen sich Badegäste wohl, die in Ferienwohnungen, Pensionen und Hotels komfortabel logieren können. Die Infrastruktur aus Cafés, Kneipen und Restaurants tut ein Übriges, um einen gediegenen und erholsamen Urlaub zu verbringen.

Wer es etwas einfacher und naturbelassener (und vielleicht auch etwas abenteuerlustiger) möchte, findet auf der Insel zahlreiche Campingmöglichkeiten. Da treffen sich dann sowohl die Camper mit ihren Wohnmobilen als auch die Biker, die mit sparsamem Gepäck das Hinterland und die etwas einsameren Ecken der großen Insel entdecken möchten. Denn die stillen Flecken, in die sich kaum ein Tourist verirrt, gibt es immer noch. Dazu zählt zum Beispiel der südliche Teil der Insel, also die Gegend um Poseritz und Garz. Wer hier unterwegs ist, der sucht eher die verträumte Stille der Rapsfelder, Wälder und kaum befahrenen Alleen als das geschäftige Treiben in den bekannten Seebädern und an den berühmten Kreidefelsen.

Der Fährhafen Sassnitz ist das Tor nach Schweden.

DAS RUNDUM-SORGLOS-PAKET FÜR DEN WASSERSPORT

Kurse, Gastronomie und Übernachtung aus einer Hand

Bei uns bekommt der Kunde das Rundum-sorglos-Paket", beschreibt Knut Kuntoff in einem Satz die Serviceleistungen bei Sail & Surf auf Rügen. Der gelernte Schiffbauer und studierte Medizintechniker, der seit Kindesbeinen dem Segelsport verbunden ist, offeriert mit seinen 25 Mitarbeitern die ganze Palette attraktiver Wassersportmöglichkeiten auf Deutschlands größter und sonnenreichster Insel.

Ob Segeln, Surfen oder Kiten, jeder Anfänger wird nach wenigen Tagen die ersten Erfolgserlebnisse sehen und jeder Fortgeschrittene erkennen, dass er immer noch etwas dazulernen kann. Die Schule bildet darüber hinaus auch in den klassischen Bootsführerscheinen aus.

Um die Anmeldung noch einfacher zu machen, können ab sofort die Kurse direkt online gebucht werden. Diese finden auf dem Festland, in der Hauptstation Altefähr und in der Surfschule Mönchgut in Thiessow statt, wegen der herrlich weißen Strände auch Thiewaii genannt.

Sail & Surf Rügen ist außerdem eines von zwei Naish-Testcentern in Deutschland. „Bei uns kann man immer das aktuellste Material austesten", sagt Knut Kuntoff. Das Equipment kann gemietet oder gekauft werden.

Wer einen mehrtägigen Kurs belegt, greift gerne auf das Übernachtungsangebot von Sail & Surf zurück. Bis zu 50 Betten stehen im hauseigenen Hostel für Familien, Einzelreisende oder Gruppen zur Verfügung.

Ein besonderes Highlight ist für viele freitags der Bioburger-Grillabend auf der Terrasse des Cafés. Nicht nur wegen der tollen Burger und des leckeren Sundowners, sondern auch wegen der filmreifen Kulisse, wenn die Sonne über dem Strelasund und der Altstadt von Stralsund versinkt. Das ist Urlaubsfeeling pur.

SAIL & SURF RÜGEN
Knut Kuntoff
Am Fährberg 8
18573 Altefähr / Insel Rügen
Telefon 03 83 06 / 2 32 53
info@segelschule-ruegen.de
www.segelschule-ruegen.de

FRISCHE MILCHPRODUKTE VON DER INSEL

Mit Rügener Inselfrische macht Sylva Rahm-Präger mehr aus Milch

Back to the roots – aufgewachsen auf Rügen, ist die Agrarwissenschaftlerin Dr. Sylva Rahm-Präger nach Studium und beruflicher Tätigkeit in der Genforschung in Berlin wieder in die Heimat zurückgekehrt. 1998 gründete sie im kleinen Ort Poseritz in einem ehemaligen Schweinestall ihre eigene Molkerei: die Rügener Inselfrische, die sich ebenfalls auf die „roots" besinnt. Wie früher rahmt die Milch noch auf; sie wird nicht homogenisiert und kommt von „glücklichen" Kühen mit täglichem Weidegang aus dem Poseritzer Landwirtschaftsbetrieb.

Traditionell und teils noch in Handarbeit wird die frische Milch – in der Summe etwa 400 000 Liter jährlich – zu Buttermilch, Sahne sowie Joghurt, Quark und Desserts in diversen fruchtigen Geschmacksrichtungen, zum Beispiel mit Sanddorn, Brombeere oder Holunder, verarbeitet. Die Früchte werden selbst zubereitet, auch zu den leckeren Fruchtaufstrichen. Als herzhafte Variante gibt es die Produkte als Pellkartoffelquark oder Kräuterfrischkäse. Die Spezialität des Hauses sind die Käsebällchen, eingelegt in fünf verschiedene Öle.

Neben Lebensmittelgeschäften und Restaurants der Region sind die originalen Inselprodukte natürlich im Hofladen erhältlich. Seit 2008 befindet sich am Produktionsstandort auch ein Café mit lichtdurchflutetem Wintergarten sowie großer Terrasse. Während in der Molkerei die Milch gerade durch die Milchleitungen läuft und der Quark in der riesigen Quarkwanne reift, genießen die Gäste nebenan frisch gebackene Kuchen und Torten, Milch- und Buttermilchshakes, Snacks und Kaffeespezialitäten. In fast allen Speisen finden sich die eigenen Erzeugnisse wieder. Und alles, was nicht Milchprodukt ist, bezieht Sylva Rahm-Präger von ebenso traditionell arbeitenden, regionalen Betrieben.

RÜGENER INSELFRISCHE
Molkerei Naturprodukt GmbH Rügen
Geschäftsführerin Dr. Sylva Rahm-Präger
Poseritz Hof 15
18574 Poseritz
Telefon 03 83 07 / 4 04 29
post@ruegener-inselfrische.de
www.ruegener-inselfrische.de

99 4801-9
49
4

DER RASENDE ROLAND LOCKT BEWUNDERER AUS ALLER WELT

Der Nostalgiezug auf Rügen ist Teil des Schienen-Personen-Nahverkehrs

Wenn zahlreiche Kameras klicken und Väter wieder zu kleinen Jungs werden, dann, ja dann nähert sich der Rasende Roland pfeifend und mit großer weißer Dampfwolke seinen zahlreichen Fans und Bewunderern. Der Name des Nostalgiezuges ist die vermutlich schönste Übertreibung auf Rügen, zuckelt er doch mit gerade mal 30 Stundenkilometern auf der 24 Kilometer langen Strecke von Göhren nach Putbus und saisonal noch knapp drei Kilometer weiter bis Lauterbach Mole.

Die Schmalspureisenbahn mit 750 mm Spurweite ist bereits seit 1895 auf Deutschlands größter Insel unterwegs und verbindet Putbus mit den bekannten Seebädern im Südosten. „Sie ist jedoch keine verstaubte Museumseisenbahn, sondern attraktives Verkehrsangebot im SPNV mit historischem Flair", wie Matthias Kley, Kaufmännischer Leiter der Rügenschen BäderBahn, betont.

Vor allem im Sommer sind die Plätze in den dann acht oder neun angehängten Wagen bei Besuchern aus aller Welt heiß begehrt. Ein Zug besteht in aller Regel aus mehreren Sitzwagen und je einem Speise- oder Cabriowagen sowie Fahrrad- und Gepäckwagen. Und wer das richtige Lokführergefühl auskosten will, der darf bei Voranmeldung sogar im Führerstand mitfahren.

Seit 2008 ist die Eisenbahn-Bau- und Betriebsgesellschaft Pressnitztalbahn aus dem sächsischen Jöhstadt Betreiber der idyllischen Kleinbahn. Sie verfügt über eine große Erfahrung mit dem Betrieb historischer Eisenbahnen und sicherte mit der Übernahme zahreiche Arbeitsplätze.

Wer mit dem Rasenden Roland unterwegs ist, sieht die Insel Rügen aus einer ungewöhnlichen Perspektive und erreicht zugleich bequem durch die vielen Unterwegshalte interessante Ziele wie beispielsweise das Jagdschloss Granitz.

EISENBAHN-BAU- UND BETRIEBSGESELLSCHAFT
PRESSNITZTALBAHN MBH,
ZNL RÜGENSCHE BÄDERBAHN
Bahnhofstraße 14
18581 Putbus
Telefon 03 83 01 / 88 40 12
ruegen@pressnitztalbahn.com
www.ruegensche-baederbahn.de

MEHR ALS NUR MEERBLICK

Schwimmende Ferienhäuser auf dem Meer & Pfahlhaussuiten über dem Wasser

Wer seinen Urlaub am Meer verbringt, für den ist vor allem ein Kriterium bei der Wahl des Feriendomizils entscheidend: die Nähe zum Wasser. In der Rügener Wasserferienwelt in Putbus begnügt sich niemand mit Meerblick. Urlauber sind hier nicht nur dicht an der Ostsee, sondern in den 22 schwimmenden Ferienhäusern und 14 Pfahlhaussuiten quasi mittendrin.

Ein Sprung ins Wasser von der Terrasse oder der Badeplattform sei jederzeit möglich, so Betreiber Till Jaich. Er selbst gehört zum im-jaich-Familienunternehmen, das seit 1968 an vielen Küstenstandorten Yachthäfen betreibt, darunter auch die Marina in Putbus. „Das nasse Element ist unsere Kernkompetenz und prägt natürlich unsere Wasserferienwelt, zum Beispiel mit Yachtservice und Wassersportangebot." Die zu mietenden Kajaks, Motor- und Segelboote können direkt an den Ferienhäusern anlegen. Wer keinen besitzt, macht kurzerhand in der hafeneigenen Segelschule selbst den Segelschein oder nimmt sich einfach einen Skipper. In dem fischreichen klaren Wasser kann auch direkt von der Terrasse geangelt werden. Beißt mal kein Fisch an, dann bietet das Restaurant Kormoran mit frischer regionaler Küche eine gute kulinarische Alternative.

Als Till Jaich Ende der 1990er Jahre die ersten Häuser auf dem Meer errichtete, war er bundesweit Pionier. „Das Konzept schlug ein wie eine Bombe", erinnert er sich. Aus ganz Deutschland kamen die Gäste, auch viele Familien mit Kindern. Und wer nicht wasserfest ist, wohnt in einem der 20 luxuriösen Landappartements mit Blick auf die See und die Insel Vilm. Die steigende Nachfrage verlangte Vergrößerung: So entstanden 2011 die von den Malediven inspirierten, hochmodernen Pfahlhaussuiten im fernöstlichen Stil, die perfektes Urlaubsfeeling garantieren – mittendrin, 2,40 Meter über der Ostsee.

IM-JAICH WASSERFERIENWELT RÜGEN
Geschäftsführer Till & Hans Jaich
Am Yachthafen 1
18581 Putbus-Lauterbach
Telefon 03 83 01 / 8 09-0
info@im-jaich.de
www.im-jaich.de

DIE STILLE LAGUNENSCHÖNHEIT

Ruhige Entspannung in luxuriösen Uferhäusern am Gustower Naturhafen

Als stille Schönheit ohne Highlights bezeichnet Till Jaich den Naturhafen in Gustow. Auf den ersten Blick habe er sich in diesen Ort am südlichen Strelasund vis-à-vis dem Festland und abseits vom Rügener Touristentrubel verliebt, erzählt der Hafenbetreiber, der sich bereits mit der Wasserferienwelt in Putbus einen Namen gemacht hat. Inmitten der unberührten Boddenlandschaft mit dem kleinen Badestrand modernisierte er 2015 als jüngstes Projekt den verfallenen Militärhafen und errichtete in unmittelbarer Wassernähe drei Uferhäuser mit Traumblick auf die Lagune und die Vogelschutzinsel Prosnitzer Werder.

Nach Gustow kommt, wer einen ruhigen Rückzugsort mitten in der Natur sucht und dennoch nicht auf Komfort und Luxus verzichten möchte. Eingerichtet im Boutique-Stil, treffen in den 110 Quadratmeter großen Uferhäusern hochwertige natürliche Materialien, wie Massivhölzer und Natursteine, auf edle Designklassiker. Außen passen sie sich optisch, zum Beispiel mit begrünten Dächern, der Umgebung an. „Wir leben unser Konzept", so Till Jaich: „Das bedeutet auch, dass wir Rücksicht auf die Natur nehmen." Die energieeffizienten Bauten verfügen daher unter anderem über ein solares Nahwärmenetz.

Und obwohl hier schnell das Einsame-Insel-Feeling aufkommen kann, verzichtet kein Gast auf Zivilisation. Die touristischen Inselorte sind mit dem Auto schnell erreichbar, ein Ausflug nach Stralsund ist auch mit einem Motor- oder Segelboot des Gustower Hafens möglich. Dieser versorgt die Urlauber zudem mit allem, was sie alltäglich benötigen; es gibt sogar ein kleines Bistro. Einmal im Monat wird beim „wilden Grillen" ein Wildschwein am Spieß über dem Lagerfeuer gegrillt – ein kleines Highlight, das der stillen Schönheit jedoch keinen Abbruch tut.

IM-JAICH NATURHAFEN GUSTOW
Geschäftsführer Till & Hans Jaich
Am Yachthafen Drigge 1
18574 Gustow
Telefon 03 83 07 / 41 99 66
info@im-jaich.de
www.im-jaich.de

DER ÄLTESTE GASTHOF RÜGENS

Jahrhundertelange Tradition mit Herz und einem Lächeln

Kein anderer Gastronomiebetrieb auf Rügen blickt auf eine längere Geschichte zurück. Bereits im Jahre 1450 gründeten Zisterziensermönche hier in Middelhagen auf der Halbinsel Mönchsgut einen Dorfkrug. Dieser Dorfkrug ist heute der Gasthof Zur Linde mit dem stolzen Titel „Inselältester“ und in einem liebevoll rekonstruierten, roten Backsteinhaus mit grünen Fensterläden beheimatet. Die zwei alten Linden auf der Terrasse liefern prompt eine Erklärung für den Namen des Hauses. Drinnen verströmt das Interieur den Charme längst vergangener Tage. Rustikale Gemütlichkeit mit unverputztem Mauerwerk, dunklen Holzdielen und allerlei Antiquitäten empfängt die Gäste genauso wie ein herzliches Team. „Trotz langer Tradition sind wir ein junger Familienbetrieb“, so Steffen Leistert. „Unsere Mitarbeiter sind Freunde, Bekannte und Verwandte, die wir für unser Haus gewinnen konnten.“ Ehrensache, dass hier alle engagiert, mit Herz und einem Lächeln den Gästen begegnen. Gleiches gilt für den Service des dazugehörigen 3-Sterne-Hotels. Von den 20 Doppelzimmern blicken die Urlauber auf eine weitläufige Landschaft, den Deich und die Zickerschen Alpen.

Einst brauten die Mönche hier ihr Bier, heute lehnt sich der Gasthof mit einer eigenen kleinen Brauerei an das alte Erbe an. Abgefüllt in Fässern und Flaschen, sind zwei Sorten Landbier im Angebot. Auch der sortenreine Kaffee ist eine Zur-Linde-Eigenproduktion und wird hier noch selbst geröstet. Traditionell selbstgemacht heißt es zudem in der Küche. Die regional geprägte Speisekarte bietet neben Klassikern auch Gerichte von Rezepten des letzten Jahrhunderts. Dazu gehört der Zander mit der Thymiankruste oder die Scholle mit heißen Stachelbeeren, die der Geschichte nach einst die Königin von Schweden hier speiste.

HOTEL & GASTHOF ZUR LINDE
Geschäftsführer Steffen Leistert & Mirko Liencke
Dorfstraße 20
18586 Middelhagen
Telefon 03 83 08 / 5 54-0
info@zur-linde-ruegen.de
www.zur-linde-ruegen.de

MONTE VINO

DER WEINBERG VON BINZ

Weine und Delikatessen in entspannter Atmosphäre genießen

Nimmt man es ganz genau, dann müsste monte vino eigentlich vigneto heißen. Denn so lautet die korrekte Übersetzung des Wortes Weinberg. „Monte vino klingt einfach schöner", schmunzelt Gerhard Pomp. Gegründet hat er die Weinhandlung 1998 gemeinsam mit seiner damaligen Geschäftspartnerin in Bergen. Und da Rügens Hauptstadt auf einer kleinen Anhöhe liegt, passte der Name perfekt.

Seit 2000 hat monte vino seinen Standort in Binz und ist seitdem zugleich Feinkostgeschäft sowie Bistro beziehungsweise Weinbar. Wem hier ein Wein besonders gut schmeckt, der nimmt ihn einfach aus der angeschlossenen Weinhandlung direkt mit. Auch andersherum wird ein Schuh draus: Sämtliche der etwa 400 Weine, die das Sortiment umfasst, können die Gäste an den 20 Sitzplätzen (plus Korkgeld) genießen. Darunter befinden sich edle Gewächse aus allen 13 deutschen Anbaugebieten sowie jene aus Österreich, Italien, Frankreich und der Neuen Welt. „Wir führen authentisch hergestellte Weine, von denen wir selbst überzeugt sind", bringt Frank Pietschmann das Angebot auf einen gemeinsamen Nenner. Damit korrespondieren die Weine ideal zu der feinen Delikatessenauswahl: In der Frischetheke finden die Kunden Wurst-, Schinken- und Käsespezialitäten sowie Antipasti und Tapas. Neben diesen kleinen Köstlichkeiten bietet die Karte auch selbst zubereitete Speisen, wie Suppen, Pasta oder die wechselnden Tagesgerichte. „Zu uns kommen Genießer, die gerne in lockerer Atmosphäre guten Wein trinken und dazu etwas Besonderes essen", beschreiben die zwei Inhaber ihr Publikum. Für einige Gäste ist das monte vino sogar die erste Anlaufstelle zu Beginn des Urlaubs – ungeachtet der Tatsache, dass sie als Reiseziel eigentlich das Meer gewählt haben und nicht den (Wein-)Berg.

MONTE VINO
Die Weinhandlung auf Rügen
Gerhard Pomp & Frank Pietschmann
Paulstraße 1
18609 Ostseebad Binz
Telefon 03 83 93 / 1 36 71
monte_vino@gmx.de
www.weinhandlung-ruegen.de

Immer was los: Der quirlige Fährhafen von Sassnitz schläft nie.

SASS NITZ

Und noch eine Seebrücke: diesmal die von Heringsdorf auf Usedom.

Das altehrwürdige Rathaus von Greifswald (links);
Bäderarchitektur in Bansin auf Usedom (rechts).

VON GREIFSWALD NACH USEDOM

Von der Universitäts- und Hansestadt bis zu Deutschlands sonnigstem Ort

Die Geschichte geht so: Mönche gründeten im 13. Jahrhundert eine kleine Siedlung an der Mündung des Flusses Ryck. Auf dem Weg dorthin entdeckten sie im dichten Wald einen Greifen, der in seinem Nest saß und brütete. Da sie diese Begegnung für ein gutes Omen hielten, nannten sie die Ansiedlung kurzerhand Greifswald. Der Greif und der Wald finden sich noch heute im Stadtwappen.

1250 erhielt Greifswald das Stadtrecht, 1278 erfolgte der Beitritt zur Hanse und 1456 wurde die Universität gegründet, nach Rostock die zweitälteste in Norddeutschland. Auch in Greifswald prägen Kirchen die Architektur der Stadt. Fast liebevoll nennen die Bewohner ihre Gotteshäuser aufgrund der baulichen Form Langer Nikolaus, Kleiner Jacob und Dicke Marie.

Dem wohl bekanntesten Sohn der Stadt, Caspar David Friedrich, soll in naher Zukunft ein eigener Anbau im Pommerschen Landesmuseum gewidmet werden, in dem bereits Originalgemälde des Malers gezeigt werden. Im Geburtshaus in der Langen Straße 57 gibt es bereits das Caspar-David-Friedrich-Zentrum, das besichtigt werden kann. Seit 2010 weist zudem ein Denkmal am Dom auf den Maler hin. Weitere berühmte Persönlichkeiten aus Greifswald sind übrigens die Schriftsteller Wolfgang Koeppen und Hans Fallada sowie Fußball-Weltmeister Toni Kroos.

Die Altstadt wurde insbesondere nach der Wende ab den 90er Jahren mit großem finanziellen Aufwand restauriert. In Greifswald finden sich Architekturstile vieler Epochen. Von der Backsteingotik über den Klassizismus bis zur Gründerzeit, aber auch die vielgeschmähte „Platte“ aus DDR-Zeiten taucht immer noch prominent – wenn auch veredelt – im Stadtbild auf, daneben moderne Bauten aus neuester Zeit. Am riesigen Marktplatz steht das gotisch-barocke Rathaus aus dem 13. Jahrhundert, in der Nachbarschaft befinden sich weitere architektonisch bedeutende Bürgerhäuser.

Eine Klappbrücke in der Nähe von Greifswald (oben), darunter der Hafen der Hansestadt.

Die Altstadt wird stark geprägt von den Institutsgebäuden der Ernst-Moritz-Arndt-Universität. Mit ihren rund 12000 Studenten ist die Alma Mater der größte Arbeitgeber der Stadt. Daneben spielt die maritime Wirtschaft eine große Rolle. Die Werft Hanse Yachts ist weltweit einer der größten Produzenten von serienmäßigen Segelyachten.

Auf dem Weg nach Usedom lohnt ein Abstecher ins beschauliche Städtchen Ueckermünde, das an der Mündung der Uecker ins Stettiner Haff liegt. Besuchenswert sind die Altstadt, der Stadthafen und das Residenzschloss, das heute als Rathaus genutzt wird.

Usedom ist Deutschlands zweitgrößte Insel, durch die die internationale Grenze zu Polen verläuft. Der Mega-Strand an der Westküste erstreckt sich über unglaubliche 42 Kilometer. Usedom gilt mit etwas über 1900 Sonnenstunden im Jahr als die sonnenreichste Region Deutschlands.

Während der Gründerzeit entstanden auf der Insel einige bekannte Seebäder wie Heringsdorf, Ahlbeck und Bansin. Diese drei Kaiserbäder, deren Gebäude überwiegend aus der Kaiserzeit stammen – daher der Name – sind mit dem polnischen Seebad Swinemünde über Europas längste Strandpromenade (12 Kilometer) verbunden. Mit ihrer filigranen Bäderarchitektur und der ältesten Seebrücke Deutschlands in Ahlbeck sowie der längsten Seebrücke Europas in Heringsdorf (508 Meter) sind sie heute die touristischen Anziehungspunkte.

Peenemünde im Norden der Insel hat sich aus ganz anderen Gründen in die Geschichtsbücher eingetragen: Dort wurden im Zweiten Weltkrieg unter Leitung von Wernher von Braun und Walter Dornberger die sogenannten V2-Raketen entwickelt und getestet, deren Bau Tausende Zwangsarbeiter mit dem Tod bezahlten. Gleichzeitig gilt der historische Ort als „Wiege der Raumfahrt“.

Im Pommerschen Landesmuseum in Greifswald hängen einige der berühmten Bilder von Caspar David Friedrich, der ein Sohn der Stadt ist.

VORSPEISEN
SUPPEN
HAUPTGERICHTE
Entrecôte m. Pommes u. Salat
Pasta m. Gemüse u. Curry-Kokossoße
SPEZIAL
DESSERT
Crème brûlée
m. Pflaumen u. Eis 9,-
ROTWEIN
APERITIF
SEKT
COCKTAIL
Moscow Mule
Orange
Absolut 6,90
CHAMPAGNER

ZWEI KULINARISCHE AUSRUFEZEICHEN

„Tischlerei" und „Goldmarie" stehen für ambitionierte Küche

Die Hansestadt Greifswald ist gastronomisch nicht gerade gesegnet mit bemerkenswerten und überdurchschnittlichen Restaurants. Es gibt jedoch zwei kulinarische Ausrufezeichen, und für beide zeichnet Tom Heinrich verantwortlich: Das eine ist die „Tischlerei". Sie liegt direkt am Wasser mit Blick auf die im Wind leicht schaukelnden Segelboote, und Küchenchef David Grebner offeriert eine frische raffinierte Küche und darauf abgestimmte hervorragende Weine. Hier findet man die klassische Fischsuppe ebenso auf der Karte wie etwa das Kabeljaufilet auf Linsen mit Blumenkohl-Gremolata.

Die „Goldmarie" öffnete im Dezember 2013 in guter Altstadtlage und versteht sich eher als gehobenes Bistro mit ambitionierter Küche, in der Burger, Sandwiches, Suppen, Salate und Pastagerichte auf der Speisekarte stehen. Dazu wird süffiges Craft-Beer ausgeschenkt. Wenn Tom Heinrich sagt, „mir ist es ein besonderes Anliegen, dass man in meiner Heimatstadt gut essen kann", versteht man diesen Satz erst dann so richtig, wenn man beispielsweise sein Pastrami-Sandwich probiert hat. Der Geschmack und die Konsistenz sind eine Wucht – und wer einmal in New York war, wird sich kaum erinnern, jemals etwas so Hervorragendes gegessen zu haben.

Das gastronomische Angebot ist hinter dem langen Tresen auf einer Glastafel notiert, was dem Ganzen einen coolen und übersichtlichen Anstrich verleiht. Der Service ist aufmerksam und hilfsbereit und glänzt mit Fachwissen, was heutzutage in der Gastronomie eher eine Seltenheit ist. Kein Wunder also, wenn die Zahl der hochzufriedenen Stammgäste weiter wächst.

RESTAURANT GOLDMARIE
Tom & Stefanie Heinrich
Fischstraße 11
17489 Greifswald
Telefon 0 38 34 / 8 87 61 03
restaurant.goldmarie@gmail.com

RESTAURANT TISCHLEREI
Tom Heinrich
Salinenstraße 22
17489 Greifswald
Telefon 0 38 34 / 88 48 48
restaurant.tischlerei.hgw@gmail.com

KREATIVE INTERPRETATION DER POMMERSCHEN KÜCHE

Martin Wünscher begeistert mit modernen und leichten Gerichten

Das Hotel im Ueckermünder Stadthafen, dessen Architektur einem Schiff nachempfunden ist, liegt nur wenige Schritte von der historischen Altstadt entfernt. Gastgeber und Küchenchef Martin Wünscher ist gelernter Küchenmeister. Nach ausgedehnten Lehr- und Wanderjahren, die ihn u.a. ins berühmte Schlosshotel Bühlerhöhe und an die weltweit renommierte Heidelberger Hotelfachschule geführt haben, hat er 2005 die „Pommernyacht“ von seinen Eltern übernommen. Neben ihm kümmert sich Ehefrau Manuela Wünscher liebevoll und umsichtig um die Zufriedenheit der Hausgäste.

Im hoteleigenen Restaurant „Roter Butt“ setzt Martin Wünscher besondere gastronomische Akzente. „Für mich steht die Sinnlichkeit des Erlebnisses ‚Essen‘ an erster Stelle“, beschreibt er seine Philosophie. Dabei ist er innovativ und offen für kreative Ausflüge sowohl in die traditionelle Vergangenheit der pommerschen Regionalküche, die er immer wieder neu interpretiert, als auch für kulinarische Anleihen bei der mediterranen und asiatischen Küche. „Meine Gerichte sind modern, leicht und kreativ. Und vor allem: Wir verwenden natürliche Produkte von besonderer Qualität.“ Das schätzen Einheimische und Touristen gleichermaßen. Genauso schätzen die Gäste aus dem In- und Ausland, darunter Radwanderer und Bootstouristen, die großzügig und geschmackvoll eingerichteten 18 Zimmer auf 4-Sterne-Niveau.

Besondere Highlights sind kulinarische und kulturelle Veranstaltungen: Dazu zählen Kochkurse und vor allem der beliebte Geschwisterabend unter dem Motto „Lilli singt & Martin kocht“. Dabei sorgt Lilli Wünscher, Sopranistin an der Leipziger Oper, für den musikalischen Part, während ihr Bruder Martin ein 4-Gänge-Menü auf die Tische zaubert.

HOTEL POMMERNYACHT
Martin Wünscher
Altes Bollwerk 1b
17373 Seebad Ueckermünde
Telefon 03 97 71 / 21 50
info@pommernyacht.de
www.pommernyacht.de

EIN SCHLOSS VOLLER GASTRONOMIE

Die historische Anlage vereint Hotel, Restaurant, Brauerei und Rösterei unter einem Dach

Das dreiflügelige Schloss aus dem 16. Jahrhundert im Dörfchen Mellenthin wird von einem breiten Wassergraben umschlossen. Die ehrwürdige Anlage liegt mitten im Naturpark Insel Usedom und hat im Laufe der Geschichte schon viele Besitzer gesehen.

Jan Fidora, der heutige Schlossherr, ist kein blasierter Landadliger, sondern ein zupackender Westfale. Als ausgebildeter Restaurantfachmann sowie Brauer und Mälzer brachte er die passenden Voraussetzungen mit, um dem nach der Wende leerstehenden Schloss ein vielseitiges gastronomisches Leben einzuhauchen. „Wir haben die historischen Gebäude nach und nach restauriert, und der Prozess ist noch immer nicht abgeschlossen", sagt er und blickt von der Freitreppe in den weiten Schlosspark, der zu kleinen Spaziergängen einlädt.

Die beeindruckende Anlage auf Deutschlands sonnenverwöhnter Insel Usedom eignet sich denn auch hervorragend für allerlei Aktivitäten: Im Westflügel befindet sich das kleine, aber feine 4-Sterne-Hotel mit seinen 26 Zimmern, die durch Echtholzmöbel sowie großzügig gestaltete Bäder mit feinstem Granit eine komfortabel-stilvolle Atmosphäre ausstrahlen.

Das Schloss-Restaurant verwöhnt mit ausgezeichneter gutbürgerlicher Küche, die auf frische Produkte aus der heimischen Region setzt. Die Gäste tafeln unter einem imposanten historischen Kreuzgewölbe mit mächtigen Pfeilern. Das ungewöhnliche Ambiente lässt viel Raum für Phantasie. So mancher träumt beim zünftigen Essen vielleicht von vergangenen Zeiten. Die werden regelmäßig mit viel Spaß und Engagement heraufbeschworen, wenn spezielle Themenabende auf dem Programm stehen.

Die zahlreichen Besucher lassen sich immer wieder gerne für ein paar Stunden in die spannende Welt des Mittelalters entführen. Themen-Buffets, dazu passende mittelalterliche Livemusik und das aufmerksame Service-Personal in alten Kostümen verzaubern die Gäste. Auch andere Ausflüge in die Geschichte werden gemacht: So führt beispielsweise ein anderer Abend mitten hinein in die abenteuerliche Welt der Piraten.

Im rechten Seitenflügel des Schlosses ist die Brauerei untergebracht, wo die genannten Themenabende stattfinden. Hier sitzt man an langen Tischen unter einem uralten Gewölbe, blickt auf kupferne Sudkessel und lässt sich das Mellenthiner Hell oder das Dunkel schmecken. Nach Lust und Laune des Brauers wird das Repertoire um weitere Sorten wie Weizen, Schwarzbier und Alt ergänzt.

Und weiter geht der spannende kulinarische Rundgang zur ehemaligen Schlosshofkapelle, in der es wundervoll duftet: Die „Erste Usedomer Kaffeerösterei" verarbeitet Rohkaffee aus aller Welt im traditionellen Trommelröster. „So entstehen bei niedrigen Temperaturen exklusive Kaffees in purer Handarbeit durch lange Garzeiten und ausgetüftelte Röstintervalle", erklärt Jan Fidora.

Wer nach all den Entdeckungstouren im Schloss und seiner reizvollen Umgebung neue Kräfte sammeln und die Batterie wiederaufladen möchte, ist im exklusiven Wellnessbereich bestens aufgehoben. Hier warten eine finnische Sauna und ein Saunarium als Alternative für alle, denen die klassische Sauna zu heiß und zu trocken ist. Ein weiteres Highlight im Wellnessbereich ist ein Aquaviva, das Körper und Geist mit optischen und akustischen Reizen in eine meditative Stimmung versetzt.

Andere Hausherren würden vielleicht mit dem Erreichten zufrieden sein, doch Jan Fidora blickt auf sein Schloss und sagt: „Wir haben noch so viele Ideen, die wir umsetzen wollen." Wir dürfen gespannt sein!

WASSERSCHLOSS MELLENTHIN
Jan Fidora
Dorfstraße 25
17429 Mellenthin / Insel Usedom
Telefon 03 83 79 / 2 87 80
info@wasserschloss-mellenthin.de
www.wasserschloss-mellenthin.de

KERAMIK IST EIN KULTURGUT

Historische Fundstücke dienen als Vorlage für die Arbeit der Manufaktur

„Keramik ist ein Kulturgut", bekräftigt Susi Erler, die seit 2006 in der Ferienanlage Alte Schmiede in Mellenthin auf Usedom gemeinsam mit ihrem Mann und einer weiteren Mitarbeiterin ihre Pommersche-Keramik-Manufaktur betreibt. Die traditionelle Pommern-Keramik kommt in den Farben Blau, Weiß und Kupfergrün daher.

Einige der Stücke, die im Verkaufsraum mit der integrierten Werkstatt angeboten werden, basieren auf historischen Fundstücken. Die sind im Original etwa im Pommerschen Landesmuseum in Greifswald ausgestellt und von Susi Erler und ihrem Mann abfotografiert worden. „Die Fotos dienten uns als Arbeitsgrundlage für unsere eigenen Stücke. So können wir ein wenig dazu beitragen, das Erbe zu bewahren."

In Mellenthin wird Gebrauchsgeschirr in großer Sortimentsvielfalt gefertigt. Neben den bekannten Formen der Tassen, Teller, Schüsseln und Kannen sind auch ungewöhnliche Partien im Programm. Da stehen etwa eine Stabvase, ein Butterkühler oder ein Eiertrenner im Regal.

Neben der traditionellen Pommernkeramik stellt Susi Erler, die ausgebildete Scheiben-Keramikerin ist, auch Keramik für Garten, Balkon und Terrasse her. Auftragsarbeiten gehören ebenso zum Repertoire in Mellenthin. Das reicht von der Anfertigung von Einzelstücken bis zur Einrichtung von Gutshäusern mit Gebrauchsgeschirr und Garten-Keramik.

Im Onlineshop kann man das Markengeschirr bequem nachbestellen und erweitern. Auf dem Boden eines jeden Gefäßes ist das eingetragene Markenzeichen der Pommersche-Keramik-Manufaktur erkennbar.

Zu den beliebten Aktivitäten zählen die „Malaktionen" am 2. Märzwochenende, dem Tag der offenen Töpferei, zu Ostern, Pfingsten sowie zur Vorweihnachtszeit.

POMMERSCHE-KERAMIK-MANUFAKTUR
Susi Erler
Morgenitzer Berg 10
17429 Mellenthin / Insel Usedom
Telefon 03 83 79 / 2 29 33
info@pommersche-keramik.de
www.pommersche-keramik.de

IDEALE BEDINGUNGEN FÜR ANFÄNGER UND FORTGESCHRITTENE

Ein breites Kursangebot lockt Surfer, Kiter und Segler auf Deutschlands Sonneninsel

An die Anfänge 1990 erinnert sich Jörg Abert in einer Mischung aus Faszination und Ungläubigkeit. „Hier gab es das unbebaute Ufer, das Wasser und sonst nicht viel." Windsport Usedom, das bedeutete in den ersten Monaten nach der Gründung ein paar gebrauchte Surfbretter und Drahtesel, die man kurz nach der Wende in Berlin, der Heimat von Jörg, aufgekauft hatte und nun an Urlauber und Einheimische vermietete.

Die Fahrräder sind längst Geschichte, und aus der Bretterbude von einst ist mittlerweile ein ansehnliches Ensemble schöner Holzhäuser geworden. Hier sind die Surfschule, die Pension und das Restaurant untergebracht.

Das Revier am Achterwasser in Ückeritz schafft ideale Bedingungen für Anfänger und auch Fortgeschrittene. Der Wellengang ist mäßig, das Wasser ziemlich flach. Jörg Abert und sein Team bieten Anfänger- und Fortgeschrittenen-Kurse für Surfer, Kiter und Segler an, und auch der Sportbootführerschein ist machbar. Die Kurse werden nicht nur für Erwachsene, sondern auch für Kinder angeboten. Sportler können das Material bei Windsport Usedom auch stunden- oder tageweise ausleihen.

Im rustikal-gemütlich eingerichteten Restaurant Café Knatter direkt am Wasser können Besucher dem Treiben auf dem Wasser zuschauen und einen leckeren Sundowner zum Sonnenuntergang auf der schönen Terrasse genießen. Wenn dann der Hunger kommt, locken frische regionale Köstlichkeiten mit internationalem Einfluss.

Wem die Stimmung so gut gefällt, dass er länger bleiben möchte, der kann eines der neun mit viel Liebe zum Detail eingerichteten maritimen Zimmer und Apartments buchen.

WINDSPORT USEDOM
Jörg Abert
Hauptstraße 36
17459 Ückeritz
Telefon 03 83 75 / 2 29 66
info@windsport-usedom.de
www.windsport-usedom.de

Ruhe vor dem Sturm: ein Fischerboot auf Usedom.

Der imposante Zug der Kraniche.

Das klare Wasser der Müritz, Schloss Güstrow und der Leuchtturm in Plau am See.

MECKLENBURGISCHE SEENPLATTE: IM LAND DER TAUSEND SEEN

Hier wartet die zweite wichtige Ferienregion des Landes auf Besucher

Ob es wirklich tausend sind oder ein paar weniger, das hat kaum jemand nachgezählt – und eigentlich ist es auch nicht wichtig. Der Reiz der geologisch so genannten Jungmoränenlandschaft, die sich in einem Streifen östlich vom schleswig-holsteinischen Lübeck bis hinüber ins brandenburgische Eberswalde zieht, liegt in der Vielzahl der naturbelassenen großen und kleinen Gewässer, die oft untereinander verbunden sind.

Hier kann man die Natur auf vielfältige Art entdecken. Ob mit dem Drahtesel, hoch zu Ross oder auf dem Wasser per Kanu, Segelboot, Motoryacht oder bequem und komfortabel im gemieteten Hausboot – immer neue Perspektiven bieten sich dem touristischen Entdecker. Im Zentrum der Ferienlandschaft breitet sich die Müritz aus. Das „kleine Meer" ist Deutschlands größter See, der sich vollständig in den Landesgrenzen befindet, da der Bodensee ein 3-Länder-Gewässer ist. Östlich schließt sich der gleichnamige Nationalpark an, der ebenso im Buch der Rekorde steht: Er ist mit 332 Quadratkilometern Deutschlands größter terrestrischer Nationalpark.

Bei dem üppigen Angebot, das die Natur ihren Bewunderern macht, dürfen die altehrwürdigen und verträumten Städte, die ihre ganz eigenen Reize haben, nicht vergessen werden. Eine der bekanntesten ist Waren an der Müritz. Die Kleinstadt mit ihrem historischen Stadtkern ist Luftkurort und Heilbad.

Plau am See besticht durch seine hügelige Lage und eine Altstadt, die komplett unter Denkmalschutz steht. In Güstrow lohnt neben dem Schloss, das eines der bedeutendsten Renaissance-Bauwerke Norddeutschlands ist, der Besuch dreier Museen. Sie sind dem berühmten Künstler Ernst Barlach gewidmet, der in der Stadt lebte.

Natur- und Kultururlaub lässt sich in der Region der Seenplatte also perfekt miteinander kombinieren.

DER UHREN-MEISTER

Das Juwelierhaus Grabbe zählt zu den renommiertesten Adressen in Deutschland

Wenn Thomas Grabbe sagt: „Ich bin durchaus ein Gewinner der deutschen Wiedervereinigung“, ist das nicht übertrieben. Er hat aus dem Juwelierladen, der zu DDR-Zeiten ein reines Handwerksgeschäft war, in dritter Generation auch ein Handelsgeschäft mit stark erweitertem Angebot gemacht. Der Weg dahin war kein einfacher, er war mitunter steinig und beschwerlich, doch harte Arbeit, Beharrlichkeit und auch eine gute Portion Glück haben letztlich zum Erfolg beigetragen.

Die Keimzelle des Geschäftes liegt wenige Gehminuten vom heutigen Haupthaus entfernt. Dort werden weiterhin Schmuck und Uhren verkauft. Das Haupthaus am Pferdemarkt 6 ist ein repräsentatives Gebäude, in dem Thomas Grabbe auf zwei großzügigen Etagen in fast privater Atmosphäre seine Kunden empfängt und ausführlich berät. Während sich unten der Verkaufsraum befindet, ist das obere Stockwerk wie eine Lounge eingerichtet, mit weißen Ledersofas und edlen Vitrinen für die häufig wechselnden Ausstellungen.

„Als die Mauer fiel, gab mir ein kollegial verbundener Händler aus dem Westen den Ratschlag, mein Portfolio zu erweitern und vor allem auf Uhren als Ergänzung zum Schmuck zu setzen“, erinnert er sich. Und dieser Tipp erwies sich als goldrichtig. Die erste Uhr, die er verkaufte, war eine des Herstellers Maurice Lacroix für 4000 Mark. Nach und nach erweiterte er das Sortiment um weitere Edelmarken wie Glashütte Original, Chopard, IWC, Hublot und Breitling, um nur einige zu nennen. Heute entfallen im Juwelierhaus etwa zwei Drittel der Umsätze auf Uhren, knapp ein Drittel auf Schmuck und ein kleiner Teil auf Accessoires.

Doch in den Anfangsjahren nach der Wende fehlte es in Güstrow und Umgebung an zahlungskräftiger Kundschaft. Also machte Thomas Grabbe aus der Not eine Tugend und ging dahin, wo die betuchte Klientel war: Er präsentierte seine Kollektion auf hochkarätigen Events wie Bällen, Golf- oder Poloturnieren.

Etwa 1500 Namen und Adressen finden sich mittlerweile in seiner wohlgehüteten Datei. Seine Stammkunden kommen nicht nur aus ganz Mecklenburg-Vorpommern, sondern auch aus Schleswig-Holstein, Brandenburg, Hamburg und Berlin.

Thomas Grabbe hat sich auch bei den Herstellern einen hervorragenden Namen gemacht. „Die Wertschätzung drückt sich dadurch aus, dass sie mir regelmäßig eine bestimmte Anzahl limitierter Uhren zur Verfügung stellen, die sich etwa an Sammler gut verkaufen lassen." Selbst Exponate, die es in Deutschland nur selten gibt, kann der Juwelier aus Güstrow dank seiner exzellenten Kontakte mitunter besorgen. Das Juwelierhaus Grabbe mit seinen acht Mitarbeitern gehört inzwischen in Deutschland zu den renommiertesten Adressen in Sachen Uhren, Schmuck und Accessoires.

Doch der Erfolg ist nicht von Dauer, wenn man ihn sich nicht immer wieder neu erarbeitet. Thomas Grabbe veranstaltet mittlerweile seine eigenen Events. Das reicht von Weihnachtsfeiern über Golfturniere bis zur Schleppjagd. Als besondere Überraschung präsentiert er schon mal einen veritablen Stargast wie Klaus Maria Brandauer oder TV-Koch Alfons Schuhbeck, die der Veranstaltung dann die besondere Würze verleihen.

Großer Beliebtheit erfreuen sich die einzigartigen Manufakturfahrten mit unterhaltendem Rahmenprogramm. Bei den exklusiven Werksbesichtigungen – etwa in Deutschland und der Schweiz – können die Teilnehmer einigen der besten Uhrmacher der Welt bei der filigranen Arbeit über die Schulter blicken.

JUWELIERHAUS GRABBE
Thomas Grabbe
Am Pferdemarkt 6
18273 Güstrow
Telefon 0 38 43 / 68 69 31
info@juwelier-grabbe.de
www.juwelier-grabbe.de

Chopard

HARMONISCHE VERBINDUNG VON KOMFORT UND ELEGANZ

Das Kurhaus am Inselsee erstrahlt nach aufwändiger Renovierung in neuem Glanz

Die Lage könnte kaum idyllischer sein: Vorne reicht der Wald bis wenige Meter an das Eingangsportal und hinten glitzert der lauschige Inselsee im Sonnenlicht. Das Traditionshaus, seit mehr als 100 Jahren eine feste Größe in der Barlachstadt Güstrow, hat eine bewegte Geschichte hinter sich und erstrahlt nach aufwändiger Renovierung heute in neuem Glanz.

„Unsere Idee ist die harmonische Verbindung von Komfort und Eleganz", beschreibt Geschäftsführer Erich-Alexander Hinz die Philosophie des 4-Sterne-Superior-Hauses, das den Gästen 72 Zimmer und Suiten mit See- oder Waldblick bietet. Nebenan befindet sich das gemütliche Strandhaus, das weitere Übernachtungsmöglichkeiten besitzt.

Das Herzstück dieses außergewöhnlichen Hotels ist neben dem engagierten und aufmerksamen Service und den Wohlfühl-Zimmern die unverwechselbare Küche. Die Karte reicht von frischen regionalen Spezialitäten bis zu internationalen mediterran angehauchten Köstlichkeiten, die im Seeblick-Restaurant und im Sommer auch auf der schönen Terrasse serviert werden. Ob Garten-Pavillon oder lichtdurchfluteter Wintergarten – überall bieten sich neue Ein- und Ausblicke, die die Sinne anregen.

Der Wellness-Bereich des Hotels verdient wirklich seinen Namen und punktet mit Schwimmbad, Sauna und Solarium in einer Umgebung, die den stressigen Alltag schnell vergessen lässt.

Ob Tagungen oder Seminare – das Kurhaus am Inselsee bietet modernste Tagungstechnik und die passenden Räumlichkeiten. Auch für Familienfeiern und andere Festlichkeiten ist das Hotel bestens gerüstet: Ein Festsaal, ein Ballsaal und auch kleinere Räumlichkeiten bieten maßgeschneiderte Konzepte.

HOTEL & RESTAURANT KURHAUS AM INSELSEE
Erich-Alexander Hinz
Am Heidberg 1
18273 Güstrow
Telefon 03843/8500
info@kurhaus-guestrow.de
www.kurhaus-guestrow.de

DAS HOTEL-JUWEL AN DER MÜRITZ

Im „Kleinen Meer" wird der Gast mit perfektem Service verwöhnt

„Wir sind das Haus für die besonderen Anlässe", sagt Kati Strasen. Wer sich umschaut, versteht bald, was sie meint. Von der Sonnenterrasse mit ihren 40 Plätzen geht der Blick auf die Binnen-Müritz.

Die 30 Zimmer, darunter eine Junior-Suite und drei Studios, überraschen mit hell und klar strukturiertem Interior-Design. Kati Strasen hat in diesem schönen Haus eine bemerkenswerte Laufbahn absolviert. Als das Kleine Meer 1998 eröffnete, arbeitete sie als Rezeptionistin. Mittlerweile führt sie das Hotel als Direktorin und geschäftsführende Gesellschafterin. 20 Mitarbeiter unterstützen sie im täglichen Bemühen, die Gäste mit Aufmerksamkeit und perfektem Service zu verwöhnen.

Dazu gehört ein kleiner gemütlicher Wellnessbereich mit Finnischer Sauna und Sanarium genauso wie die kulinarischen Genüsse, die bereits mit dem reichhaltigen Frühstücksbuffet am Morgen einen schmackhaften und gesunden Start in den Tag garantieren.

Das vielfach ausgezeichnete Restaurant unter Küchenchef Hendrik Türk ist täglich ab 12 Uhr geöffnet und in der Nebensaison von November bis März nur am Abend ab 18 Uhr. Der Dienstag und Mittwoch sind Ruhetage. Die regionale und saisonale Küche mit fangfrischem Fisch aus der Müritz und heimischen Wildspezialitäten wird durch internationale Gerichte ergänzt. Den Abend können die Gäste – Touristen wie Geschäftsreisende gleichermaßen – stilvoll im Lounge & Living Room beispielsweise bei einem Cocktail ausklingen lassen.

Familienfeiern, das dazu gehörende Rahmenprogramm, aber auch berufliche Seminare inklusive modernster Tagungstechnik in separaten Räumlichkeiten werden mit großer Professionalität und Expertise angeboten. Zu den Event-Highlights im Kleinen Meer zählen auch Wine-Tastings und Kochkurse.

HOTEL KLEINES MEER
Kati Strasen
Alter Markt 7
17192 Waren (Müritz)
Telefon 0 39 91 / 64 80
info@kleinesmeer.com
www.kleinesmeer.de

INNOVATIVES UND ALTBEWÄHRTES IN NEUER KOMBINATION

Nach kulinarischen Wanderjahren kocht Carsten Leddermann wieder in der Heimat

Nicht weit vom Müritzsee und nur einen Steinwurf vom gleichnamigen Nationalpark entfernt kochen Carsten Leddermann und sein Team seit 2013 in stilvollem Ambiente. Zwischen seiner Ausbildungszeit zum Koch 1999 und der Selbständigkeit 2010 lagen einige kulinarische Wanderjahre, die ihn u. a. nach Berlin, Großbritannien und auf ein Kreuzfahrtschiff gebracht haben. „All diese Einflüsse haben mich in meiner Koch-Philosophie maßgeblich beeinflusst“, blickt er auf eine bewegte Zeit zurück.

Heute steht seine Küche für höchste Ansprüche und punktet mit Frische, hochwertigen Produkten aus der Region und einer abwechslungsreichen Speisekarte, die Regionales und Internationales, Altbewährtes und Innovatives auf ungewöhnliche Art kombiniert. Seine Lieferanten sind persönlich ausgewählt und reichen vom Müritzfischer bis zum Vater, der das Wild frisch auf den Tisch bringt. Zu einem guten Essen gehört immer auch der passende Wein. Die Weinkarte überzeugt mit ausgewählten deutschen Weißweinen und Rotweinen aus Frankreich, Italien und Südafrika.

Seine Gäste kommen von nah und fern: Einheimische, Geschäftsreisende und Touristen gleichermaßen. Das Restaurant mit der schönen Außenterrasse, die direkt an den Nationalpark grenzt, ist auch ein beliebter Treffpunkt für Familienfeierlichkeiten aller Art. Drinnen haben 38 Gäste Platz, draußen etwa 20. Am Nachmittag locken hausgemachte Kuchen und frisch gebrühte Kaffeespezialitäten. Unter der Woche ist das Restaurant/Café nachmittags und abends, am Wochenende bereits ab Mittag geöffnet.

RESTAURANT & CAFÉ LEDDERMANN
Carsten Leddermann
Specker Straße 71
17192 Waren (Müritz)
Telefon 03991/621940
restaurant-leddermann@t-online.de
www.restaurant-leddermann.de

Naturbelassenes Schilfufer am Inselsee.

RUHE UND ENTSPANNUNG AM MALCHOWER SEE

Das Hotel „Rosendomizil" spricht stilbewusste Gäste an

Das Gefühl von Ruhe und Entspannung beginnt bereits, wenn man auf der einladenden Terrasse direkt am See Platz genommen hat und von den Servicemitarbeitern aufmerksam umsorgt wird. Der Blick geht auf den Malchower See, der mit leichtem Wellengang beruhigend plätschert und imposanter Teil der Stadtkulisse ist, zu welcher auch die Drehbrücke und das Kloster gehören.

Das Hotel liegt weit sichtbar auf der malerischen Altstadt-Insel. Das inhabergeführte 4-Sterne-Haus besticht durch seinen individuellen Charakter. Gastgeberin Annette Gundlach spricht mit ihren Ideen ein ganz bestimmtes Publikum an: „Unsere Gäste sind stilbewusst, anspruchsvoll, haben Sinn für schönes Wohnambiente und möchten den Alltag bewusst für ein paar Tage ausblenden."

Das alles lässt sich wunderbar im Rosendomizil verwirklichen. Die 27 Zimmer und Studios sind stilvoll und individuell eingerichtet mit allen Annehmlichkeiten, die von einem gehoben-komfortablen Hotel zu erwarten sind. Dabei gleicht kein Interieur dem anderen.

Neben den klassischen Hotelzimmern steht ein neues Apartment zur Verfügung. Der „Siebente Himmel" mit direktem Seeblick und seiner großzügigen Wohnfläche spricht Reisende an, die die Unabhängigkeit einer perfekt ausgestatteten Ferienwohnung mit den Serviceleistungen eines Hotels kombinieren möchten.

Bis zu vier Personen können hier wohnen, zwei Schlafzimmer, separate Wohn- und Essräume, ein Bad sowie eine Küche garantieren ein Höchstmaß an Unabhängigkeit. Wer aber doch einmal die Küche kalt sein lassen möchte, ist im Restaurant des Rosendomizils bestens aufgehoben. Hier bereitet die Küchencrew frische saisontypische Gerichte zu.

Und über die Öffnungszeiten des Restaurants hinaus bietet das Haus einen besonderen Abendbrotservice, den man an der Rezeption abholen oder gegen eine kleine Gebühr auch auf sein Zimmer liefern lassen kann.

Zum Hotel gehört auch eine hauseigene Konditorei. Sie verwöhnt die Gäste bereits frühmorgens mit frischen Backwaren, Kuchen, Torten und Eiskreationen.

Im Sauna- und Wellnessbereich stehen Ruhe und Entspannung an erster Stelle. Die Beauty Treatments, Massagen und Peelings

Hotel
Rosendomizil

tun Körper und Seele gut und werden von professionellen Wellness-Therapeuten zur Anwendung gebracht.

Zwei Boutiquen und ein Einrichtungsgeschäft sind ebenfalls im Hotel untergebracht. In der „Zweiten Haut" finden Frauen eine schöne Auswahl hochwertiger Mode, in der „Männersache" kommen die Herren auf ihre Kosten. In Rosendomizil „Lebensart" werden Wohnaccessoires und Möbel verkauft.

Und die Geschichte der Qualitätsmarke Rosendomizil geht weiter: Das jüngste „Kind" ist eine Hochzeits- und Event-Manufaktur. „Wir veranstalten etwa 50 Hochzeiten im Jahr", erklärt Annette Gundlach das Konzept. „Da ist es naheliegend, wenn wir dem Brautpaar für ihren unvergesslichen Tag unser umfangreiches Leistungspaket offerieren." Der Phantasie sind dabei keine Grenzen gesetzt. Vom Catering über die Brautkutsche, den Frisör bis zum Gospelchor und einem unvergesslichen Feuerwerk ist vieles möglich.

Auch weitere Veranstaltungen, Familienfeierlichkeiten sowie Tagungen und Seminare werden im Hotel Rosendomizil mit einem Höchstmaß an Professionalität und Expertise begleitet. Dafür bietet das Haus mehrere themengerecht und individuell gestaltete Tagungs- und Konferenzräume für bis zu 90 Personen.

Annette Gundlach ist eine Gastgeberin, die sich nie mit dem Erreichten zufrieden gibt und gerne über den Horizont hinaus blickt. Wir sind gespannt, wie sich auch in Zukunft das „Rosendomizil" immer wieder neu erfindet.

HOTEL ROSENDOMIZIL
Annette Gundlach
Lange Straße 2-6
17213 Malchow
Telefon 03 99 32 / 1 80 65
info@rosendomizil.de
www.rosendomizil.de

TRANSPARENZ AUF DEM TELLER

Kulinarische Genüsse aus den eigenen landwirtschaftlichen Produkten

Der Blick nach draußen fällt auf eine idyllische, weitläufige Landschaft, auf grasende Angusrinder, auf scharrende Hühner und auf einen gepflegten Kräutergarten. Mehr Transparenz geht nicht. Mit ihrem Gourmethof hat Rita Dubbe 2010 ein für die Region einzigartiges gastronomisch-kulinarisches Konzept geschaffen. Die Gäste des Restaurants, eingerichtet in rustikaler Gemütlichkeit, können exakt nachvollziehen, was auf ihre Teller kommt.

Nach dem Motto „Ich sehe, was ich esse" findet alles, was der eigene landwirtschaftliche Betrieb hergibt, für das Restaurant und den Hofladen Verwendung. Neben Fleisch, darunter auch jenes vom Damwild, sind das Eier sowie Gemüse, Salate und Kräuter. Auf Basis dieser guten Rohstoffe werden die regionalen Gerichte der kreativen, wöchentlich wechselnden Speisekarte frisch zubereitet. Das biologisch zertifizierte Fleisch verarbeitet der Küchenchef neben Steaks auch zu Fonds oder zu Sülze. Kräuter finden sich in verschiedenen Sorten an Pesto, Saucen, Ölen und Aufstrichen genauso wie in Teemischungen wieder. Frisch gebacken sind das Brot sowie Kuchen und Torten, die Nudeln hausgemacht. Das Wenige, was nicht vom Hof kommt, wird von ähnlich authentischen Betrieben dazugekauft. Wer im Restaurant auf den Geschmack kommt, kann sich viele Produkte im angrenzenden Hofladen mitnehmen oder im Onlineshop bestellen.

Mit regelmäßigen Events legt Rita Dubbe noch eine Schippe drauf: Wenn es etwa fünfmal im Jahr BBQ-Rocks heißt, ist es mit der beschaulichen Ruhe auf dem Gourmethof in Below kurzzeitig vorbei. Regionale Bands und Grillbuffets mit ausgefallenen Fleischspezialitäten sorgen dann für musikalisch unterlegte kulinarische Abende der besonderen Art.

GOURMETHOF BELOW
Rita Dubbe
Belower Straße 2
17255 Wesenberg/Below
Telefon 03 98 32 / 2 65 82
info@gourmethof.de
www.gourmethof.de

ROMANTISCHE HERBERGE IN UNVERFÄLSCHTER NATUR

Das „Kavaliershaus" ist ein intimes Refugium mit nur 12 Zimmern

Sanft schaukeln die Äste im Wind, und der blaue Himmel voller weiß gesprenkelter Schäfchenwolken verspricht einen herrlichen Tag am Finckener See. In dieser malerisch-verträumten Ecke wartet ein Hotel-Juwel auf Gäste, die ein außergewöhnliches Wohnerlebnis suchen.

Das Kavaliershaus, Ende des 18. Jahrhunderts als Wohnhaus der Grafenfamilie Blücher errichtet, diente einst als Dorfschule. Das Berliner Architektenehepaar Johanne und Gernot Nalbach erwarb das Anwesen im Jahr 2007 und ließ es aufwändig restaurieren. 2010 wurde die kleine romantische Herberge inmitten unverfälschter Natur eröffnet. Heute besitzt das Haus mit eigenem Steg 12 individuell gestaltete Suiten und Zimmer zwischen 25 und 120 Quadratmetern für zwei bis sechs Personen.

Im hoteleigenen Restaurant „Klassenzimmer" widmet man sich ganz dem Slow-Food-Gedanken: „Unsere Gäste werden mit regionaltypischen, saisonal abgestimmten Speisen von persönlich bekannten Erzeugern und Lieferanten aus der Region verwöhnt", beschreibt Hotelleiterin Diana Przybylski die Philosophie der Küche. Gemütlich ausklingen lässt sich der Abend im historischen Gewölbe des Hauses: im Weinkeller bei einer erlesenen Auswahl guter Weine und Spirituosen oder ganz entspannt im Wellnessbereich mit Sauna, Duschen und Ruheraum. Feierlichkeiten und Tagungen finden ihren perfekten Rahmen in der benachbarten Veranstaltungsscheune. Bis zu 45 Gäste genießen bei schönem Wetter Empfänge und Dinner auch unter freiem Himmel.

Das familienfreundliche Kavaliershaus punktet bei den Kleinen mit dem gläsernen Kinderspielhaus, dem Sandspielkasten und der herrlichen Spielwiese.

KAVALIERSHAUS SCHLOSS BLÜCHER –
HOTEL AM FINCKENER SEE
Johanne & Gernot Nalbach
Hotelleiterin Diana Przybylski
Hofstraße 12
17209 Fincken
Telefon 03 99 22 / 8 27 00
kavaliershaus@nalbach-architekten.de
www.kavaliershaus-finckenersee.de

PATENTIERTE BAUMKUCHEN UND 1000-JÄHRIGE EICHEN

Baumkuchen, Biopralinen und Reuter-Torte sind die Renner der Familienkonditorei

Die besten Ideen – so sagt man – kommen dem einen im Schlaf, dem anderen unter der Dusche. Bei Familie Komander gaben Eichen den entscheidenden Anstoß für eine ganz besondere Leckerei und Spezialität. „Im kleinen Dorf Ivenack in der Mecklenburgischen Seenplatte bestaunten wir in einem kleinen Park die berühmten 1 000-jährigen Eichen", erinnert sich Seniorchef Peter Komander. „Da hatten wir den Geistesblitz für einen ganz besonderen und mittlerweile sogar patentierten Baumkuchen."

Der ist inzwischen weit über die Region hinaus bekannt und sehr nachgefragt. Nicht nur in der Familienkonditorei geht er zügig über den Ladentisch, auch im hauseigenen Onlineshop gehört er mit heller oder dunkler Kuvertüre zu den absoluten Rennern. Die Kunden können ihn als Baumkuchenbogen oder Baumkuchenturm bestellen. Nur beste Rohstoffe werden verarbeitet, Marzipan und Kuvertüren kommen aus Lübeck, und dann wird alles in meisterlicher Konditorenkunst verarbeitet.

Qualität und Geschmack sind so hoch, dass bereits einige ausgewählte Cafés in großen deutschen Metropolen diese Spezialität anbieten. Weitere Produkt-Highlights der Familienkonditorei sind Biopralinen und die berühmte Reuter-Torte zu Ehren des bekannten Heimatdichters Fritz Reuter, die manche Gäste als „essbares Gedicht" gelobt haben.

Zahlreiche Besucher steuern inzwischen das kleine Dorf Grammentin an, um sich bei Familie Komander in die Geheimnisse der Baumkuchenherstellung einweihen zu lassen. In der hauseigenen Grammentiner Kaffeemühle können all die Leckereien in gemütlichem Ambiente probiert werden.

FAMILIEN-KONDITOREI KOMANDER
Peter Komander
Dorfstraße 7-9
17153 Grammentin
Telefon 03 99 52 / 2 39 12
komander@ivenacker-baumkuchen.com
www.ivenacker-baumkuchen.com

Genießer

WILLKOMMEN IN UNBERÜHRTER NATUR

Nationalparkhotel Kranichrast bietet entspannte Atmosphäre mit viel Ruhe

Wer im Nationalparkhotel Kranichrast ankommt, der befindet sich inmitten von unberührter Natur, beinahe endlosen Weiten, grünen Wäldern und tiefen Mooren. „Wir sind das einzige Hotel direkt im Müritz-Nationalpark", so Heike Dworatzek. Ihre Augen leuchten, wenn sie über den eigenen Betrieb spricht. Nach einer klassischen Hotelkarriere suchte sie lange Zeit etwas Eigenes. Als sich 2011 die Chance mit dem Nationalparkhotel bot, schlug sie kurzerhand zu und stellte sich, wie sie selbst sagt, einer „Wahnsinnsherausforderung". Mit geringen finanziellen Mitteln, aber umso mehr Herzblut und Engagement nahm Heike Dworatzek sukzessive kleinere und größere Änderungen vor. Heute ist die entspannte Atmosphäre von ihrem persönlichen Charme und einem eingespielten Team geprägt. Ehrlich gemeinte Herzlichkeit gehört zum guten Ton.

Alle 31 gemütlich eingerichteten Doppelzimmer, das Panoramarestaurant und die Außenterrassen bieten einen weitläufigen Blick in die Natur. Allabendlich fliegen die Kraniche in Formationen mit lautem Trompeten tief über das Haus zu ihren nahe gelegenen Schlafstätten. Das sei aber auch schon der einzige „Lärm", beteuert die Inhaberin. Bestimmt wird der Standort vor allem von großer Ruhe und er bietet Naturliebhabern und Erholungsuchenden das perfekte Urlaubsdomizil. Ausgedehnte Spaziergänge und Radtouren gehören zum gängigen Ausflugsprogramm, die hoteleigene Radausleihe ist da ein selbstverständlicher Service. Zum anschließenden Entspannen stehen eine Sauna sowie zwei Kegelbahnen zur Verfügung. Kulinarisch versorgt das Restaurant Besucher und Hotelgäste mit frischen Speisen – vom reichhaltigen Frühstück über kleine Imbisse und Kuchen am Tag bis hin zum abwechslungsreichen abendlichen Buffet.

NATIONALPARKHOTEL KRANICHRAST
Heike Dworatzek
Dorfstraße 15
17192 Kargow
Telefon 03991/67260
nationalparkhotel@t-online.de
www.nationalparkhotel-kranichrast.de

ADRESSVERZEICHNIS

Apotheken

HANSA-APOTHEKE 134
Daniela Müller
Gustower Weg 3
18439 Stralsund
Telefon 0 38 31 / 27 02 06
info@hansa-apotheke-stralsund.de
www.hansa-apotheke-stralsund.de

WESTSTADT-APOTHEKE 26
Gabriele Kannt
Johannes-Brahms-Straße 63
19059 Schwerin
Telefon 03 85 / 73 13 40
info@schwerin-apotheke.de
www.weststadt-apotheke-schwerin.de

Cafés & Konditoreien

ALTE DAMPFBÄCKEREI 126
Kirsten Hänsch
Barther Straße 50
18311 Ribnitz-Damgarten
Telefon 0 38 21 / 70 93 40
khaensch@t-online.de
www.alte-dampfbaeckerei.de

CAFÉ FRIEDA 64
Kathy Gordon
Oertzenhof 4
23999 Insel Poel
Telefon 03 84 25 / 42 98 20
geniessen@cafe-frieda.de
www.cafe-frieda.de

CAFÉ PIENI 94
Claudia Keilig
Dorfstraße 1a
18347 Ostseebad Ahrenshoop
Telefon 03 82 20 / 66 11 78
info@cafe-pieni.de
www.cafe-pieni-ahrenshoop.de

CAFÉ PRAG 22
Thomas Hildebrandt
Schloßstraße 17
19053 Schwerin
Telefon 03 85 / 56 59 09
kontakt@restaurant-cafe-prag.de
www.restaurant-cafe-prag.de

CAFÉ TONART 98
Anka Köhlmann
Chausseestraße 58
18375 Born
Telefon 03 82 34 / 5 59 57
info@cafe-tonart.de
www.cafe-tonart.de

CAFÉ UND KULTUR 108
Nancy Fleischmann & Ute Marucha
Waldstraße 42
18375 Ostseebad Prerow
Telefon 03 82 33 / 67 99 73
info@cafeundkultur.de
www.cafeundkultur.de

FAMILIEN-KONDITOREI KOMANDER 204
Peter Komander
Dorfstraße 7-9
17153 Grammentin
Telefon 03 99 52 / 2 39 12
komander@ivenacker-baumkuchen.com
www.ivenacker-baumkuchen.com

GALERIE CAFÉ BARTH 120
Mandy Opitz
Klosterstraße 1
18356 Barth
Telefon 03 82 31 / 7 73 03
info@galerie-cafe-barth.com
www.galerie-cafe-barth.com

Gestüte

GESTÜT NORDVORPOMMERN 128
Geschäftsführer Anne Katrin & Ansgar Kurp
18337 Kloster Wulfshagen
Telefon 01 73 / 8 12 84 81
info@gestuet-mv.de
www.gestuet-mv.de

LANDGESTÜT REDEFIN 40
Geschäftsführerin Antje Kerber
Betriebsgelände 1
19230 Redefin
Telefon 03 88 54 / 62 00
info@landgestuet-redefin.de
www.landgestuet-redefin.de

Handwerk & Manufakturen

AUGENOPTIK WEINHARDT 118
Patrick Weinhardt
Hafenstraße 23
18374 Ostseebad Zingst
Telefon 03 82 32 / 1 60 80
info@augenoptik-weinhardt.de
www.augenoptik-weinhardt.de

KARLS OPTIK 138
Steffi Karls
Alter Markt / Im Rathaus
18439 Stralsund
Telefon 0 38 31 / 29 29 03
post@karls-optik.de
www.karls-optik.de

KERAMIKWERKSTATT LOZA FINA 24
Gordon Bockhold
Puschkinstraße 51-53
19055 Schwerin
Telefon 03 85 / 20 23 41 22
loza.fina@gmx.de
www.loza-fina.de

KLÜTZER EDELBRAND DESTILLERIE 52
Johann Volk
Lübecker Straße 3
23948 Klütz
Telefon 03 88 25 / 37 12 68
info@kluetzer-mosterei.de
www.alte-molkerei-kluetz.de

MECKLENBURGER OBSTBRAND
GUT SCHWECHOW 38
Geschäftsführer Frank Jehring
Am Park 5
19230 Schwechow
Telefon 03 88 53 / 78 20
info@schwechower.de
www.schwechower.de

POMMERSCHE-KERAMIK-MANUFAKTUR .. 176
Susi Erler
Morgenitzer Berg 10
17429 Mellenthin / Insel Usedom
Telefon 03 83 79 / 2 29 33
info@pommersche-keramik.de
www.pommersche-keramik.de

RÜGENER INSELFRISCHE 150
Molkerei Naturprodukt GmbH Rügen
Geschäftsführerin Dr. Sylva Rahm-Präger
Poseritz Hof 15
18574 Poseritz
Telefon 03 83 07 / 4 04 29
post@ruegener-inselfrische.de
www.ruegener-inselfrische.de

SCHIFFSWERFT BARTH 114
Sebastian Kunsch
Werftstraße 2c
18356 Barth
Telefon 03 82 31 / 68 40
info@barther-schiffswerft.de
www.barther-schiffswerft.de

Hotels & Feriendomizile

ARCONA HOTELS & RESORTS 74
Alexander Winter
Steinstraße 9
18055 Rostock
Telefon 03 81 / 4 58 51 10
info@arcona.de
www.arcona.de

DER CHARLOTTENHOF 96
Heike Gebhard
Grenzweg 3
18347 Ahrenshoop
Telefon 03 82 20 / 3 02
info@charlottenhof-ahrenshoop.de
www.charlottenhof-ahrenshoop.de

GUTSHAUS STELLSHAGEN 54
Gertrud Cordes
Lindenstraße 1
23948 Stellshagen
Telefon 03 88 25 / 4 40
info@gutshaus-stellshagen.de
www.gutshaus-stellshagen.de

GUTSHOF HESSENBURG
KRANICH MUSEUM & HOTEL 122
Dr. Bettina Klein
Dorfplatz 5
18317 Hessenburg/Saal
Telefon 03 82 23 / 66 99 00
dr.klein@hessenburg.net
www.kranichhotel.de

KURPARKHOTEL WARNEMÜNDE 80
Kerstin Krause
Kurhausstraße 4
18119 Warnemünde
Telefon 03 81 / 4 40 29 90
info@kur-park-hotel.de
www.kurparkhotel-warnemuende.de

LILA VILLA 110
Dr. Olaf Kannt
Bahnhofstraße 3
18374 Ostseeheilbad Zingst
Telefon 03 82 32 / 8 43 40
info@ferienhus-zingst.de
www.ferienhus-zingst.de

HOTEL HAFERLAND 106
Familie Evers
Bauernreihe 5a
18375 Wieck a. Darß
Telefon 03 82 33 / 6 80
info@hotelhaferland.de
www.hotelhaferland.de

ADRESSVERZEICHNIS

HOTEL KLEINES MEER 190
Kati Strasen
Alter Markt 7
17192 Waren (Müritz)
Telefon 0 39 91 / 64 80
info@kleinesmeer.com
www.kleinesmeer.de

HOTEL POMMERNYACHT 170
Martin Wünscher
Altes Bollwerk 1b
17373 Seebad Ueckermünde
Telefon 03 97 71 / 21 50
info@pommernyacht.de
www.pommernyacht.de

HOTEL & RESTAURANT
KURHAUS AM INSELSEE 188
Erich-Alexander Hinz
Am Heidberg 1
18273 Güstrow
Telefon 0 38 43 / 85 00
info@kurhaus-guestrow.de
www.kurhaus-guestrow.de

HOTEL ROSENDOMIZIL 196
Annette Gundlach
Lange Straße 2-6
17213 Malchow
Telefon 03 99 32 / 1 80 65
info@rosendomizil.de
www.rosendomizil.de

IM-JAICH NATURHAFEN GUSTOW 156
Geschäftsführer Till & Hans Jaich
Am Yachthafen Drigge 1
18574 Gustow
Telefon 03 83 07 / 41 99 66
info@im-jaich.de
www.im-jaich.de

IM-JAICH WASSERFERIENWELT RÜGEN 154
Geschäftsführer Till & Hans Jaich
Am Yachthafen 1
18581 Putbus-Lauterbach
Telefon 03 83 01 / 8 09-0
info@im-jaich.de
www.im-jaich.de

KAVALIERSHAUS SCHLOSS BLÜCHER –
HOTEL AM FINCKENER SEE.........................202
Johanne & Gernot Nalbach
Hotelleiterin Diana Przybylski
Hofstraße 12
17209 Fincken
Telefon 03 99 22 / 8 27 00
kavaliershaus@nalbach-architekten.de
www.kavaliershaus-finckenersee.de

NATIONALPARKHOTEL KRANICHRAST 206
Heike Dworatzek
Dorfstraße 15
17192 Kargow
Telefon 0 39 91 / 6 72 60
nationalparkhotel@t-online.de
www.nationalparkhotel-kranichrast.de

SEEHOTEL AM NEUKLOSTERSEE 66
Johanne & Gernot Nalbach
Seestraße 1
23992 Nakenstorf
Telefon 03 84 22 / 45 70
seehotel@nalbach-architekten.de
www.seehotel-neuklostersee.de

THE GRAND..90
Geschäftsführer Oliver Schmidt
Direktor Thomas Döbber-Rüther
Schifferberg 24
18347 Ostseebad Ahrenshoop
Telefon 03 82 20 / 67 80
info@the-grand.de
www.the-grand.de

WASSERSCHLOSS MELLENTHIN 172
Jan Fidora
Dorfstraße 25
17429 Mellenthin / Insel Usedom
Telefon 03 83 79 / 2 87 80
info@wasserschloss-mellenthin.de
www.wasserschloss-mellenthin.de

WOHNSCHIFFE SEVERA 78
Heiko Müller-Hauschildt
Alter Hafen Süd 10
18069 Rostock
Telefon 03 81 / 8 11 21 30
info@wohnschiffe-severa.de
www.wohnschiffe-severa.de

Kunst & Kultur

SCHLOSS BOTHMER 50
Schlösserverwaltung des Landes MV
Am Park
23948 Klütz
Telefon 03 88 25 / 38 53 18 76 82
nadine.schmidt@bbl-mv.de
www.schloss-bothmer.info

Landwirtschaft

GUT DARSS 102
Geschäftsführer Marc Fiege
Am Wald 26
18375 Born
Telefon 03 82 34 / 50 60
info@gut-darss.de
www.gut-darss.de

Mode & Schmuck

JUWELIERHAUS GRABBE 184
Thomas Grabbe
Am Pferdemarkt 6
18273 Güstrow
Telefon 0 38 43 / 68 69 31
info@juwelier-grabbe.de
www.juwelier-grabbe.de

MODE.HAFEN 112
Ines Schuhmann
Hafenstraße 35
18374 Ostseeheilbad Zingst
Telefon 03 82 32 / 8 49 88
info@modehafen.de
www.modehafen.de

Restaurants, Bars & Bistros

GOURMETHOF BELOW 200
Rita Dubbe
Belower Straße 2
17255 Wesenberg/Below
Telefon 03 98 32 / 2 65 82
info@gourmethof.de
www.gourmethof.de

HOTEL & GASTHOF ZUR LINDE 158
Geschäftsführer Steffen Leistert
& Mirko Liencke
Dorfstraße 20
18586 Middelhagen
Telefon 03 83 08 / 5 54-0
info@zur-linde-ruegen.de
www.zur-linde-ruegen.de

MONTE VINO 160
Die Weinhandlung auf Rügen
Gerhard Pomp & Frank Pietschmann
Paulstraße 1
18609 Ostseebad Binz
Telefon 03 83 93 / 1 36 71
monte_vino@gmx.de
www.weinhandlung-ruegen.de

RESTAURANT & CAFÉ LEDDERMANN 192
Carsten Leddermann
Specker Straße 71
17192 Waren (Müritz)
Telefon 0 39 91 / 62 19 40
restaurant-leddermann@t-online.de
www.restaurant-leddermann.de

RESTAURANT DEICHLÄUFER 60
Verena & Peter Rachow
Dünenweg 6
23946 Ostseebad Boltenhagen
Telefon 03 88 25 / 2 99 45
deich6@freenet.de
www.restaurant-deichlaeufer.de

RESTAURANT HIMMEL UND ERDE
HOF DENISSEN 42
Geschäftsführer Michaela & Rudolf Denissen
Ludwigsluster Straße 21
19288 Wöbbelin
Telefon 03 87 53 / 8 89 20
mail@hof-denissen.de
www.hof-denissen.de

RESTAURANT GOLDMARIE 168
Tom & Stefanie Heinrich
Fischstraße 11
17489 Greifswald
Telefon 0 38 34 / 8 87 61 03
restaurant.goldmarie@gmail.com

RESTAURANT TISCHLEREI 168
Tom Heinrich
Salinenstraße 22
17489 Greifswald
Telefon 0 38 34 / 88 48 48
restaurant.tischlerei.hgw@gmail.com

SCHIMMEL'S 88
Ralph Schulze & Maren Schimmelpfennig
Parkstraße 1
18347 Ostseebad Wustrow
Telefon 03 82 20 / 6 65 00
info@schimmels.de
www.schimmels.de

SUPPENGRÜN 62
Stefanie Nowacka, Silke Nowacka-Paetzold
Dankwartstraße 11
23966 Wismar
Telefon 0 38 41 / 2 43 01 28
info@suppengruen-wismar.de
www.suppengruen-wismar.de

ADRESSVERZEICHNIS

Sport & Freizeit

BIOSPHÄRENRESERVATSAMT
SCHAALSEE-ELBE 36
Wittenburger Chaussee 13
19246 Zarrentin am Schaalsee
Telefon 03 88 51 / 30 20
poststelle@bra-schelb.mvnet.de
www.schaalsee.de
www.elbetal-mv.de

CARAVAN-CENTER DAHNKE 140
Anne, Ulf & Helmut Dahnke
Werftstraße 16
18439 Stralsund
Telefon 0 38 31 / 2 03 85 70
info@caravan-center-dahnke.de
www.caravan-center-dahnke.de

EISENBAHN-BAU- UND BETRIEBS-
GESELLSCHAFT PRESSNITZTALBAHN MBH,
ZNL RÜGENSCHE BÄDERBAHN 152
Bahnhofstraße 14
18581 Putbus
Telefon 03 83 01 / 88 40 12
ruegen@pressnitztalbahn.com
www.ruegensche-baederbahn.de

FERIENAGENTUR MEERFISCHLAND 92
Claudia Keilig
Dorfstraße 1a
18347 Ostseebad Ahrenshoop
Telefon 03 82 20 / 66 67 88
info@meerfischland.de
www.meerfischland.de

SAIL & SURF RÜGEN 148
Knut Kuntoff
Am Fährberg 8
18573 Altefähr / Insel Rügen
Telefon 03 83 06 / 2 32 53
info@segelschule-ruegen.de
www.segelschule-ruegen.de

SCHWERINER KLETTERWALD 34
Dr. Olaf Kannt
An der Crivitzer Chaussee 15
19061 Schwerin
Telefon 03 85 / 5 89 45 51
info@schweriner-kletterwald.de
www.schweriner-kletterwald.de

SEGELSERVICE KATRIN SCHMIDT 136
Am Querkanal 1
19438 Stralsund
Telefon 0 38 31 / 28 27 61
info@segelservice-schmidt.de
www.segelservice-schmidt.de

TOURISMUSVERBAND FISCHLAND-
DARSS-ZINGST E.V. 124
Barther Straße 16
18314 Löbnitz
Telefon 03 83 24 / 64 00
info@tv-fdz.de
www.fischland-darss-zingst.de

WINDSPORT USEDOM 178
Jörg Abert
Hauptstraße 36
17459 Ückeritz
Telefon 03 83 75 / 2 29 66
info@windsport-usedom.de
www.windsport-usedom.de

YACHTWELT WEISSE WIEK 56
Andreas Hundsdörfer
Zum Hafen 3
23946 Ostseebad Boltenhagen
Telefon 03 88 25 / 2 63 90
info@yachtwelt.de
www.yachtwelt.de

Wellness & Beauty

PURES LEBEN 28
Cornelia Liebenow, Nadine Stüwe,
Dany Voß, Jörn Wittwer
Schloßstraße 12
19053 Schwerin
Telefon 03 85 / 57 77 33 77
info@pures-leben-schwerin.de
www.pures-leben-schwerin.de

STEFANIE EHRICH FRISEURE 76
Stefanie Ehrich & André Leddermann
Große Wasserstraße 2
18055 Rostock
Telefon 03 81 / 6 66 30 88
www.se-friseure.de

Segler im Sonnenuntergang vor Boltenhagen.

BESONDERE ADRESSEN FÜR SIE ENTDECKT

LUXEMBURG
224 Seiten, Hardcover, dt./frz.
978-3-86528-896-7

HAMBURG UND DAS ALTE LAND
152 Seiten, Hardcover
978-3-86528-887-5

EIFEL & OSTBELGIEN
160 Seiten, Hardcover
978-3-86528-879-0

FASZINATION WELTERBE – DEUTSCHLANDS SÜDEN
176 Seiten, Hardcover
978-3-86528-854-7

SCHÄTZE AUS DER PFALZ
208 Seiten, Hardcover
978-3-86528-493-8

SCHÄTZE BODENSEE UND OBERSCHWABEN
192 Seiten, Hardcover
978-3-86528-556-9

TRENDS & LIFESTYLE BREMEN
128 Seiten, Hardcover
978-3-86528-891-2

TRENDS & LIFESTYLE INNSBRUCK
128 Seiten, Hardcover
978-3-86528-895-0

LEBEN, WOHNEN & GENIESSEN OLDENBURG
128 Seiten, Hardcover
978-3-86528-897-4

GÄRTEN IM TESSIN
156 Seiten, Hardcover
978-3-86528-867-7

RAUM & DESIGN MÜNCHEN
184 Seiten, Hardcover
978-3-86528-546-1

MÜNCHEN FIRST CLASS
152 Seiten, Hardcover, dt./engl.
978-3-86528-888-2

WEITERE EMPFEHLUNGEN FÜR SIE

WIR HABEN EINFACH GEKOCHT
100 Erinnerungen an Lieblingsrezepte
304 Seiten, Hardcover
978-3-86528-805-9

LOHSES MUNDWERK
Suppen und Eintöpfe ausgesucht
von Christian Lohse
248 Seiten, Hardcover
978-3-86528-695-6

WILD
130 Rezepte für jeden Tag
256 Seiten, Hardcover
mit Lesebändchen
978-3-86528-734-2

GRILLEN – TASTE OF ASIA
144 Seiten, Softcover
978-3-86528-810-3

DRUNTER & DRÜBER
Das Brotbackbuch &
Das Aufstrichbuch
208 Seiten, Hardcover
978-3-86528-746-5

MARTHA'S SALAD
Fünfzig Salate to go
144 Seiten, Hardcover mit
Banderole und 12 Aufklebern
978-3-86528-808-0

Neuer Umschau Buchverlag GmbH

Moltkestraße 14
D-67433 Neustadt/Weinstraße

Telefon + 49 (0) 63 21 / 8 77-833
Telefax + 49 (0) 63 21 / 8 77-859

info@umschau-buchverlag.de

Neuer Umschau Buchverlag
Umschau_Verlag
umschauverlag

www.umschau-verlag.de

IMPRESSUM

RECHERCHE
Dirk Schultka, Ribnitz-Damgarten
Sabine Vatterodt, Hamburg

TEXT
Andreas Srenk, Hamburg
Andreas Srenk studierte Politische Wissenschaften an den Universitäten Marburg, FU Berlin und Montreal; Diplom-Abschluss; Volontariat an der Axel-Springer-Journalistenschule; Redakteur bei der „Welt"; heute Autor für Magazine und Buchverlage.

Katrin Hainke, Hamburg
(Texte Seite 39, 41, 43, 122, 129, 150, 154, 157, 158, 161, 200 und 207)
Katrin Hainke lebt in Hamburg und arbeitet als freie Texterin und Autorin für Verlage, Magazine und Agenturen. Ausbildung beim Medienriesen Bertelsmann und Masterstudium (M. A.) Vergleichende Literaturwissenschaft an der Universität Paderborn.

FOTOGRAFIE
Markus Tollhopf, Hamburg
Markus Tollhopf studierte Grafik-Design in Kassel, lebt und arbeitet in und ab Hamburg. Neben Buchproduktionen fotografiert er gerne Architektur und Stills. Er freut sich immer wieder, unterwegs zu sein, um Neues zu entdecken und ablichten zu dürfen.

LEKTORAT, GESTALTUNG UND PRODUKTION
Kaisers Ideenreich, Neustadt an der Weinstraße
www.kaisers-ideenreich.de

LITHOGRAFIE
Blaschke Vision, Peter Blaschke, Laubach/Wetterfeld

KORREKTORAT
Andreas Lenz, Heidelberg
www.lektorat-lenz.de

KARTE
Thorsten Trantow, Herbolzheim
www.trantow-atelier.de

DRUCK UND VERARBEITUNG
NINO Druck GmbH, Neustadt an der Weinstraße
www.ninodruck.de

Andreas Srenk

Katrin Hainke

Markus Tollhopf

Printed in Germany

ISBN 978-3-86528-894-3

Die Ratschläge und Empfehlungen in diesem Buch wurden von den Autoren und dem Verlag sorgfältig erwogen und geprüft, dennoch kann eine Garantie nicht übernommen werden. Eine Haftung der Autoren und des Verlags für Personen-, Sach- und Vermögensschäden ist ausgeschlossen.

Wir bedanken uns für die freundlicherweise zur Verfügung gestellten Fotos bei:
Mecklenburger Obstbrand Gut Schwechow (Seite 39 unten), YachtWelt Weiße Wiek (Seite 56 oben), The Grand (Seite 90 oben), Ferienagentur Meerfischland (Seite 92, 93 Mitte, 93 unten), Café und Kultur (Seite 108 oben und unten), voigt & kranz UG, Prerown (Seite 124), im-jaich Wasserferienwelt Rügen (Seite 154 oben), im-jaich Naturhafen Gustow (Seite 156-157), Hotel Pommernyacht (Seite 170 oben), Nationalparkhotel Kranichrast (Seite 207 oben und unten)

Besuchen Sie uns im Internet:
www.umschau-verlag.de